NATHALIE

PAR M. E. CHARTIER,

Ex-Officier de Cavalerie, Chevalier de la Légion-d'Honneur et de l'ordre d'Isabelle II, d'Espagne.

LOUVIERS.

IMPRIMERIE DE Mlle BOUSSARD ET COMP.

1852.

NATHALIE.

279

NATHALIE

PAR M. E. CHARTIER,

Ex-Officier de Cavalerie, Chevalier de la Légion-d'Honneur et de l'ordre d'Isabelle II, d'Espagne.

LOUVIERS.

IMPRIMERIE DE Mlle BOUSSARD ET COMP.

1852.

NATHALIE.

PROLOGUE

Ce fut une lugubre journée que celle du 2 mai
1840. L'armée descendait les rampes escarpées
du Téniah, harcelée par les Arabes ; un soleil
dévorant dardait ses rayons de feu avec une telle
violence, que les soldats, tant de fois éprouvés
par la fatigue de ce pays de montagnes, succom-
baient au désespoir. Des sommets de cette partie
escarpée de l'Atlas au plateau de la Croix, le sen-

1

tier principal, ouvert par nos troupes, à leur premier passage, était jonché de cadavres décapités ;
vaincus par la soif, étouffés par l'atmosphère, ces
infortunés qui n'avaient pu suivre l'arrière-
garde, tombaient épuisés sur le sol, à la merci
d'un ennemi farouche qui ne pardonnait pas. La
division, forte de 12,000 hommes, venait de ravi-
tailler Médéah et Milianah, et continuait sa marche
dangeureuse dans le Téniah sous la fusillade vivement nourrie des Kabyles de la montagne, des
goums, fournis par les tribus, et enfin, des réguliers réunis sur le point pour essayer une tenta-
tive désespérée, sous les ordres de l'émir Abd-
el-Kader qui, les commandait en personne. Après
vingt charges brillantes fournies par notre cavalerie arrêtée souvent au bord des précipices et des
abîmes, après des actes héroïques de courage
dans tous les bataillons qui, tour à tour, avaient
pris position sur les pics les plus escarpés, nous
allions atteindre le plateau du déjeûner, quand
un chef d'escadron d'état-major partit au galop
sur un des mamelons qui se prolongeaient à notre
droite, pour y embusquer notre compagnie, la 6ᵉ
du bataillon de zouaves. Nous le suivions à cette
position dont nous comprenions l'importance,
parce qu'elle protégeait le passage de la colonne,
aussi vite que pouvait le permettre la fatigue
d'une longue journée de marche, quand des

coups de feu se firent entendre à mille pas de nous, dans la direction que venait de prendre le commandant. Cramponnés aux broussailles du rocher, nous gravîmes l'escarpement par son chemin le plus court, et nous nous élançâmes à la baïonnette. Mais hélas; il était trop tard : son cheval seul, blessé lui-même, couvert de sang, revint à nous, les nasaux ouverts, rejetant l'air avec violence. Les Kabyles venaient de fuir au fond des précipices qu'ils connaissaient, nous abandonnant son cadavre que, dans leur instinct de sauvage rapacité, ils avaient dépouillé à la hâte.

La colonne continuait sa marche dans l'étroit défilé, les flanqueurs de droite se repliaient sous le feu meurtrier des Arabes, sur le point que nous allions quitter, quand un colonel de cavalerie vint, au nom du général en chef, nous prier, plutôt que nous ordonner, d'emporter les restes du brave, mort si malheureusement au champ d'honneur. Deux grosses larmes coulèrent de ses yeux, et perlèrent au bout de ses longues moustaches, à la vue des traces horribles que le yataghan avait laissées sur le cadavre. Mais avant lui, un autre homme était près de la victime, qu'il contemplait depuis longtemps avec une muette douleur; son visage contracté décelait les tortures de son cœur, et sa main crispée labourait la terre de la pointe de son sabre. Jules de Mirval, à la vue de l'aide-de-camp s'était jeté, le sabre aux dents, à gravir l'escarpement du rocher, en tête de sa section : il redoutait une ambuscade; mais il était arrivé trop tard. Brave jusqu'à l'audace, habitué à voir tomber près de lui des victimes, car le corps où il avait commencé ses premières armes avait été souvent décimé, je le croyais insensible, et pour la première fois je surprenais chez lui une de ces grandes douleurs qui se lisent si terribles dans les natures fortes comme la sienne. Deux fois, une pensée de vengeance illumina son visage, son bras redressa son arme ; mais sa bouche se refusa au commandement ; ses hommes exténués de fatigue, sous un ciel de plomb, restèrent accroupis sur le sol le fusil à la main ; deux fois sa tête se pencha sur sa poitrine, et les balles de l'ennemi qui venaient l'atteindre des mamelons voisins, ne purent le tirer de sa lugubre méditation. Entre ces deux hommes il y avait un mystère, car j'avais toujours supposé mon ami insensible au milieu des scènes de carnage d'une guerre sans merci ni pitié. Cependant nous venions de passer une année ensemble, abrités par la même tente, nous confiant nos espérances et nos peines, vivant de la même illusion de gloire, supportant les mêmes privations et l'abondance passagère d'un instant de relâche à nos courses ; sa gaîté avait souvent relevé mon

courage abattu par les souffrances du bivouac. Il
y avait donc un secret sous cette insouciance ap-
parente, un chagrin peut-être qui le poussait aux
actes téméraires qu'il accomplissait chaque jour,
en méprisant la mort.

Quatre hommes croisèrent leurs fusils; Jules
de Mirval se plaça silencieux derrière le cadavre
qu'il venait de recouvrir de son caban, et une de-
mi-section fut désignée pour escorter et défendre
celui que l'on nous confiait. Le canon grondait
toujours par intervalles, ébranlant les rochers et
les abîmes; les appels du clairon ralliant les ti-
railleurs échelonnés et souvent mêlés corps à
corps avec les Kabyles, perçaient à peine la fusillade répétée dix fois par les échos; nos hommes
pliaient sous le fardeau, quand enfin nous attei-
gnîmes le bivouac des Oliviers, où nous le dépo-
sâmes sous notre tente. Les lignes du camp étaient
à peine tracées, lorsque le colonel vint réclamer
le dépôt qu'il nous avait confié pour le rendre à
la terre.

Pendant toute la marche, mon camarade n'a-
vait point rompu le silence que j'avais respecté,
essayant en vain de m'expliquer cette subite douleur.

— Colonel, lui dit-il, en découvrant le cadavre,
sa sépulture sera violée dans ces lieux par un ennemi sauvage qui exhume nos morts pour les mu-

tiler; je puis assez compter sur le dévouement de mes zouaves, pour les prier de le porter pendant les huit lieues qui nous séparent de Blidah. L'on ne me refusera pas de donner à un homme que j'estime les six pieds de terre, où du moins il reposera en paix.

— L'armée est exténuée, les mulets de transport suffisent à peine pour porter les blessés, la journée a été terrible, le général refusera : Et cependant, fit le colonel, votre nom, monsieur ?... ajouta-t-il après avoir fait une pause.

— Jules de Mirval, murmura mon ami, en abaissant les yeux sur le corps du chef d'escadron.

— Jules de Mirval ! continua le colonel avec des sanglots dans la voix, si le général refuse dans la crainte de fatiguer votre troupe, le colonel de Bussy vous aidera à accomplir ce dernier devoir, dit-il en lui serrant la main.

— Nous sommes sur la face la plus dangereuse du camp; il peut y avoir une attaque de nuit, je veillerai sur lui, dit l'officier de zouaves.

— L'ami d'un brave le laisse donc à la garde d'un homme d'honneur, fit le colonel en se couvrant, après avoir quitté notre tente.

La nuit fut une de ces nuits pénibles qui suivent le combat; l'infanterie, la cavalerie, toutes les armes entérèrent leurs morts. Huit cents hommes étaient tombés dans Téniah... puis de temps en temps, un éclair perçait l'obscurité, une décharge se faisait entendre, chaque régiment rendait les honneurs aux braves, morts pour la gloire de la France; morts, hélas! loin de leur mère, loin de la patrie !

Trois jours après, les Kabyles avaient déterré leurs restes et les avaient traînés pour les exposer aux animaux carnassiers. Ces funérailles nocturnes sont pénibles : on n'y entend point le bruit du caillou tombant sur le cercueil. Le soldat retourne à la terre, couvert seulement de son habit de guerre, lacéré par le sabre ou troué par les balles, la terre retombe sur lui sans rendre aucun bruit, et souille son visage que rien ne protége de ce contact. Et cependant ses amis lui ont rendu les derniers services : ils ont étanché le sang, lavé la plaie, ils l'ont brossé et nettoyé comme pour la revue qu'il passait autrefois à leurs côtés. Seulement, en Algérie, aucun signe, aucune éminence ne fait reconnaître le champ du repos dans les bivouacs; le sol, au contraire, est battu et piétiné quelquefois par les chevaux; on y allume souvent des feux pour tromper un ennemi qui se venge jusque sur nos morts.

Nous passâmes la nuit près du chef d'escadron; le même cortége le conduisit jusqu'au grand camp de Blidah, et le lendemain, sa dépouille, sur-

montée d'une croix de bois brut faite à la hâte,
reposait, protégée par nos redoutes, sur les bords
de l'Oued el Kébir. Le soir, notre brigade quittait
le grand camp, et Jules de Mirval regagnait son
cantonnement, après avoir confondu ses larmes
avec celles du comte de Bussy. Ils représentaient,
loin de la patrie, la légitime douleur de deux familles cruellement éprouvées par la calomnie,
par ces jugements du monde dont l'aide-de-camp
frappé au Téniah avait eu une si grande part dans
son existence, qu'il était venu chercher la mort
sous le ciel africain.

— Jules, lui dis-je, après avoir vainement
essayé à chasser de son imagination la pensée
de mort qu'il semblait méditer, quel étroit enchaînement de circonstances a pu vous lier ainsi
à cette catastrophe que vous pleurez? Quel est
donc le secret fatal qui vous unit ainsi par le malheur au commandant de Mirmont et au comte
de Bussy?

— La mort de cet homme, reprit-il, a rouvert
dans mon âme toutes les blessures que je suis venu
cicatriser près de vous; je ne devais jamais revoir la France que j'aime, vous le savez, de l'a-
mour d'un soldat; j'oubliais au milieu des émotions de la guerre, et depuis hier, je suis forcé de
me souvenir. Oh! ajouta-t-il, il y a eu tant de sang,
de crimes et de larmes !

Il tenait son képi à la main ; les teintes empourprées du soleil éclairèrent son visage bruni par la vie des camps ; un nuage épais chargé d'électricité le couvrit un instant : il me parut livide.

— Je vois, dit-il, devant mes yeux tous ces spectres dansant une ronde infernale ; oh ? ma nuit dernière a été une terrible nuit. Il m'a semblé voir sortir de la tombe toute ma famille ; chacun de ces fantômes me suppliait en larmes de rendre les derniers devoirs au commandant de Mirmont. C'est lui qui vengea si noblement la mort de mon frère, lâchement assassiné ; la mort de ma mère, que les chagrins d'une famille anéantie par une double catastrophe ont précipitée dans la nuit éternelle. La même pensée nous conduisait en Algérie, pour des hommes de notre caractère et de nos convictions, le suicide est une lâcheté ; et cependant, mourir jeune quand on a tant souffert du déshonneur et de la lâcheté des autres, c'est être béni. Dans nos rangs (ici sa main gauche montrait le Théniah), la mort vient vite.

— C'est donc lui qui tua le duc de L... sur le même terrain où il avait frappé votre frère ?

— Oui, reprit-il, c'était un grand et noble cœur, qui ne souffre plus du moins ; et ce jour, il entra de moitié dans ma vie comme il était entré dans celle

de la famille de Bussy, qu'il avait sauvée du deshonneur et de l'infamie. Mais vous connaissez sans
doute les différentes versions de ce drame de cour
d'assises. Ma belle sœur, séduite par le duc de L.,
se trouva liée à l'intrigue qui perdait le commandant avec une femme dont elle était jalouse, et
que l'on accusa d'avoir empoisonné son mari.

Les premières sentinelles de Bouffarick venaient de reconnaître l'avant-garde; les tambours
battaient aux champs, la musique de la légion
jouait une marche triomphale, les troupes étaient
joyeuses : on nous promettait quinze jours de
repos.

— Jules, lui dis-je, avant de rejoindre mon pe-
loton, c'est se consoler que de dire ses chagrins à
un ami ; j'attends de vous cette histoire.

Et le soir, dans le camp d'Erlon, quand les
chacals faisaient entendre leurs glapissements en
fuyant le cri sauvage de la hyène, qui venait
chercher sa proie jusque sous les baraques en
planches qui nous abritaient, Jules de Mirval
commença le récit suivant que j'écrivis.

FIN DU PROLOGUE.

I.

Oh ! n'insultez jamais une femme qui tombe ;
Qui sait sous quel fardeau la pauvre âme succombe?

VICTOR HUGO.

Le vieil hôtel de Bussy était une de ces de-
meures qui restèrent tristes et closes pendant les
quinze années de la restauration ; hommes et
choses portèrent le deuil de l'invasion étrangère.

Mais en 1832, peu de temps après le coup de
main qui faillit renverser le trône, et ne servit
qu'à mélanger plus profondément les partis et les
castes, le voile de tristesse tomba pour faire
place à un air de fête dont s'étonnaient les habi-
tants paisibles de ce quartier de la vieille no-

blesse. Dans la saison, la rue de Lille était en-
combrée de riches équipages ou de cavalcades
de jeunes gens à la mode qui envahissaient les
appartements redevenus joyeux. La comtesse de
Bussy avait oublié la simplicité des deux vieux
soldats qui s'y étaient retirés, pleurant les gloires
de l'empire, pour y achever paisiblement une existence si souvent compromise sur les champs de
bataille. Aussi, quelques années après la mort de
son mari et de son frère, l'art joint au luxe avait
pris la place des sévères ornements de famille,
dont on distinguait à peine de légères traces sous
les tentures soyeuses et sous les draperies du
jour. A cette époque, Madame de Bussy venait
de reprendre sa place dans le monde qu'elle n'a-
vait pu bien oublier; et y guidait les pas de la
jeune femme que depuis deux années elle avait
donnée à son fils.

Dans le boudoir élégant de la jeune comtesse,
on pouvait voir, longtemps avant l'heure habituelle où les femmes du monde commencent leur
journée, une grande jeune fille assise en face
d'elle dans une causeuse. C'était une de ces créations à part dans la nature, un de ces chefs-
d'œuvre dans lesquels on cherche vainement une
imperfection inexplicable; ses cheveux noirs re-
tombaient en longues boucles sur son cou, dans
son négligé matinal, et inondaient son visage

blanc et mat comme celui des femmes d'Orient, voilées de la naissance à la mort. Ses grands yeux tantôt fixés par une pensée forte dans une immobilité complète, tantôt doux et languissants comme ces regards des madones des peintres italiens, sous leurs longs cils abaissés, étaient d'un bleu limpide. Nathalie était la reine des salons où la conduisait madame de Bussy et enchaînait à ses pas, par une sorte de fascination, tout ce que la mode avait de jeunes gens de bon goût, sans qu'aucun d'eux se fût prononcé jusque là pour cette femme tantôt fière comme une reine, tantôt timide et modeste comme une jeune fille. L'espèce d'éducation militaire que son père lui avait pour ainsi dire inculquée dès l'enfance, avait fait de son caractère un mélange incompréhensible de hardiesse et de timidité, et les excentricités qui en découlaient faisaient ressortir ses réparties vives et spirituelles, et les élans de son imagination passionnée pour tout ce qui était noble et beau. Depuis quelques jours, son caractère vif et pétulant comme son esprit avait perdu de sa gaîté, ses répliques n'étaient plus que des monosyllabes, et son éclat de rire toujours si bruyant d'une bonne joie, avait fait place à une morne atonie. Cependant ce n'était point de l'amour que l'on lisait sur ce visage si mobile à toutes les impressions; l'observateur eut à peine pu y découvrir une pensée qu'elle paraissait approfondir en la retournant sur toutes ses faces, et que Mathilde, sa cousine, cherchait vainement, depuis une heure à lire dans ses yeux, qu'elle avait inutilement rencontrés dix fois.

— Qu'as-tu donc, ma chère Nathalie, lui dit la jeune comtesse forcée de parler la première, ton silence obstiné n'est pas naturel ce matin. Depuis ce mot de mariage que l'on a prononcé devant toi, tu es devenue d'une rêverie qui m'épouvante, et si ce n'est cette union que l'on te propose, et que tu as acceptée, quelle est donc la sinistre pensée qui a mis en fuite ta bruyante gaîté? Allons, dis-moi tes chagrins, tes pressentiments, ajouta-t-elle, en se rapprochant de la jeune fille, comme par un mouvement spontané de protection maternelle.

— Rêveuse, moi!.... tu te trompes, Mathilde, reprit-elle, en lui rendant son sourire de bienveillance; non, ce n'est point ce mariage qui m'occupe, mais bien une foule d'idées sombres qui se déroulent tellement pressées dans mon imagination, que depuis ce matin, je ne puis les chasser de ma pensée. Puis, relevant d'un bond sa tête brune et secouant sa longue chevelure, elle paraissait chasser avec peine son rêve pénible :

— Tu vois bien que je ne rêve pas, Mathilde; et un soupir comprimé s'échappa de sa poitrine, en prenant, par un mouvement presque convulsif, les mains de sa cousine.

— Ecoute-moi, ma chère amie, repartit la jeune femme avec son timbre de voix le plus doux, nous sommes amies d'enfance, et de plus que toi j'ai de l'expérience; comme toi aussi j'ai été forcée d'abandonner mes habitudes de jeune fille, et tu vois si je pleure ma liberté, mais notre mère a veillé à tout ; convenance, liberté, affection, bonheur.... Tu seras heureuse comme je le suis avec Léon..... N'y aura-t-il pas toujours à l'hôtel de Bussy une place pour ma Nathalie qui en aura une en revanche à m'offrir à son château de Bourgogne. D'ailleurs, mademoiselle, continua la jeune femme en riant, chacun son tour, vous êtes d'âge à ne plus rester en tutelle, et à devenir maîtresse à votre tour.

— C'est cet éloignement qui me fait peur, loin de vous, si j'étais malheureuse, que deviendrais-je? Pourquoi me faire cette solitude?

— Folle, répartit la jeune comtesse, tu passeras l'été sur tes terres de Bourgogne, avec une société aussi brillante que celle que tu as vue jusqu'ici, et dont tu seras la favorite, comme toujours; l'hiver, Paris et une loge à l'Opéra. Nous ne sommes plus au temps où la noblesse seule composait le monde brillant ; ce sont aujourd'hui les capitalistes qui en tiennent le faîte, et ton futur, tu le sais, marche le premier dans l'industrie. Ce que dans un certain monde d'où je ne sors pas, on a appelé si longtemps une mésalliance, ces liens dans lesquels, j'en suis sûre, on trouvait plus souvent le bonheur que dans ceux de convenance, ont fui sous l'idée dominante de notre siècle qui, s'il n'a pas réussi dans ses idées de liberté et d'égalité pour tous, a du moins amélioré notre situation à nous autres jeunes femmes. Si c'est là ce qui t'afflige, Madame Bloquel vaudra aux yeux du monde Mathilde Lettang, fille d'un fournisseur de l'armée, devenue comtesse de Bussy.

— Oh! tu ne m'as pas comprise, reprit-elle vivement, mais je ne m'explique pas l'amour ce que je l'avais cru.

— Je m'étais aussi trompée comme toi, et cependant tu vois si je suis heureuse.

— Mathilde, moi si gaie avec cette foule de jeunes gens, si familière avec M. de Mirmont! je ne puis rencontrer ses yeux..... (elle ne prononça pas le nom), sans éprouver un tressaillement involontaire, dont je ne puis me rendre compte.

— C'est que tu l'aimes, ma chère.

C'est singulier, pensait la jeune fille, Mathilde prétend que je l'aime, et il me fait peur. Elle allait expliquer sa pensée, quand la comtesse vint couper leur conversation, pour les avertir qu'il était l'heure de se rendre à table.

— Nathalie, dit-elle à sa pupile, avec un de ces sourires de vieille femme satisfaite d'avoir brocanté un mariage, j'attends ce matin votre futur, c'est un déjeûner de famille.

Or, Madame de Bussy avait accepté la mission sacrée que le père de Nathalie lui avait confiée en lui donnant la tutelle de sa fille; elle avait promis à ce frère unique, mort peu de temps après son mari, de servir de mère à cet enfant, qu'elle adopta comme le sien. Tout entière à l'éducation et au bonheur de son fils et de Nathalie, elle concentra toutes ses sollicitudes sur ces deux êtres chéris, qu'elle vit grandir avec l'idée constante de les aider dans leurs débuts, et de leur trouver un mariage honorable à accomplir. Quand le jour vint, elle se jeta au milieu du monde avec eux, certaine que son fils trouverait toujours sa place avec sa fortune brillante qu'elle adjoindrait à la dot de quelque capitaliste qu'elle trouva bientôt sans peine. Le comte à vingt-cinq ans, était un homme, non pas accompli, mais il avait su se faire une position analogue à son rang, sans donner, comme les jeunes gens de sa caste, dans les travers des grands extrèmes. Sa mère avait su par des feintes habiles et des conseils sages détourner son carac-

tère peut-être trop impétueux, et son cœur si im-
pressionable du but où il aurait pu émousser l'un
en perdant l'autre.

La moitié de la tâche, et certes la partie la plus
facile était accommplie, mais fidèle à sa promesse,
elle voulut, avant de fermer les yeux, être longtemps de moitié dans la vie intime de ces deux êtres
qui possédaient son existence et toutes ses affections
C'est donc dans ce but qu'elle s'était rejetée dans
les salons ouverts à son nom et à la réputation
si bien méritée de son mari, plus que par une
coquetterie que quelques vieilles médisantes lui
supposaient, coquetterie qui, cependant, eut pu lui
être permise, car elle possédait encore tous les
charmes de la jeunesse; et sa vie exempte de ces
grandes émotions qui usent si vite, avait garanti
son front des rides profondes et prématurées
qu'impriment les passions. Dans ces soirées intimes chez la vicomtesse Roger de Valnoir, sa plus
vieille amie, elle rencontra l'homme que la pro-
vidence paraissait destiner à sa pupile ; et tout
fut tellement arrangé, entre les deux amies, qu'a-
près quatre ou cinq visites au plus, Nathalie, qui
ne voyait que par les yeux de sa tutrice, fut pour
ainsi dire obligée d'avouer qu'elle aimait le maître
de forges, dont la présentation officielle allait
avoir lieu.

Jusqu'alors elle n'avait admiré que la super-

ficie de toutes choses, sans essayer de pénétrer
l'impression de son âme. Fille d'un militaire
brave et distingué, dont elle entendait chaque
jour prononcer le nom avec respect, elle n'avait
point su débrouiller que dans ses idées chevale-
resques et son esprit d'aristocratie, il y avait une
passion cachée qui ne s'était pas encore montrée
au grand jour de son imagination. Elle avait cru
que l'attraction de ce qui était uniforme et non
brillant n'était que du respect à la mémoire de
son père, dont le passage avait été marqué avec
gloire sur chacun des champs de bataille de
l'Empire. Aussi, reprit-elle du calme en chassant
bien loin l'idée d'un amour qu'elle aurait voulu
autrement définir. Elle eut voulu le trouver
avec d'autres paroles, dans un nom plus sonore
et sous une image plus séduisante; sous le poids
de sa foi dans l'expérience de la comtesse, qui
lui promettait toutes les richesses du luxe de sa
vie passée, un brillant équipage, un hôtel à Paris, elle entra au salon en murmurant doucement
à l'oreille de sa tutrice : « Oui, je crois l'aimer, je
l'aime. »

Et madame de Bussy, satisfaite de voir l'accomplissement de son dernier vœu réussir, cares-
sa de la main la tête de sa fille d'adoption, et lui
donna un baiser sur le front sans s'apercevoir
d'une larme qui découla de sa paupière. Etait-

ce joie ou tristesse? la jeune fille ne le savait pas elle-même, car son amour-propre se rengorgea sous le nom de madame qu'elle entendait déjà murmurer à son oreille.

Pendant le temps où les deux femmes encourageaient Nathalie à donner sa main au protégé de la vicomtesse, Bloquel, le maître de forges, marchait à grands pas dans la chambre splendide, où elle l'avait reçu. De temps en temps, il s'arrêtait comme attéré sous le poids d'une méditation profonde que devait suivre un malheur inévitable : il fit sa toilette à la hâte, en regardant malgré lui la pendule dont il accusait la marche. Le timbre frappait onze heures quand il sonna avec violence.

— Monsieur Valpole n'est pas rentré, dit-il au valet de madame Roger de Valnoir?

— Non, répondit celui-ci, qui recula de deux pas, en voyant le visage contracté du maître de forges.

Bloquel referma lui-même sa porte, après s'être assuré que personne ne l'observait des appartements voisins, et conserva pendant un heure l'immobilité d'une de ces statues du silence placée sous le péristyle de quelque monument funèbre.

— Midi bientôt ! dit-il en relevant la tête et reculant avec effroi ; il sera arrivé trop tard, et cette nouvelle me parviendra chez elle pour m'écraser tout-à-fait.

Midi sonnait, quand la vicomtesse vint le prendre pour monter en voiture, sans s'apercevoir de son trouble.

Valpole rentrait, et lui fit de la tête un signe affirmatif; un éclair de bonheur sillonna le visage du maître de forges, et la voiture traversa rapidement la rue du quartier d'Antin, pour aller de l'autre côté de la Seine.

Pendant ce temps aussi deux officiers sortaient des Tuileries, l'un de ces hommes, à la taille haute, au regard fier, à la moustache épaisse, était Léon de Bussy, chef d'escadron de cuirassiers, l'autre, le capitaine Athanase de Mirmont, aide-de-camp d'un prince. Son élégance sous l'uniforme, sa démarche dont le moelleux contrastait avec le pas assuré du comte, et son visage aristocratique le faisaient aisément reconnaître pour un officier du château.

— On a bien du mal à t'avoir, fit le chef d'escadron à l'aide-de-camp, en s'arrêtant comme pour se recueillir, et lui annoncer une grande nouvelle : j'ai cru un instant que je n'allais pouvoir te présenter à la vicomtesse Roger, qui compte ce matin même sur l'accomplissement de ma promesse; et nous attend peut-être déjà au salon.

— La vicomtesse Roger! fit Athanase, en s'arrêtant à son tour, comme pour évoquer un souvenir, ah! oui, exclama-t-il, celle qui s'est chargée

au nom d'un cyclope enfumé, du soin de nous en-
lever ta jolie cousine, pour la reléguer dans son antre. Les forges de Presles touchent le domaine de
Valnoir, et c'est un nom de sinistre augure.

— Il fallait me le dire, reprit Léon en lui donnant le bras, pauvre garçon, tu en étais amou-
reux ; il fallait donc parler ; car je crois qu'il est
trop tard, puisque tout est arrêté; ma mère qui, tu
le sais, mène rondement les choses, doit avoir la
formule du contrat déjà toute préparée, et tout
sans doute est consenti à l'avance par les parties
intéressées ; puis, je crois, Dieu me damne, que
la petite aime son Vulcain, qui, je te le jure, n'est
pas trop noir, pour habiter un antre, comme tu
me le disais. Oh ! mon cher, la finance nous
atteint, gare qu'elle ne nous dépasse, nous, hommes de nom et d'épée.

— Je ne dis pas, Léon, que je l'aime ou que je l'ai
aimée, mais on pourrait, on eut pu, je pense, la
marier plus convenablement. Mademoiselle Veultant est d'une famille militaire, et devait être la
femme d'un soldat. Puis, au fait, sans doute
qu'elle a bien choisi, je ne connais pas cet
homme, avec lequel elle peut être très heureuse, et
qu'elle peut aimer ou qu'elle aimera certainement.

Le capitaine après cette dernière partie de sa
phrase qu'il acheva d'un air de doute fortement
accentué, doubla le pas en entraînant son ami,

on eut dit par ce mouvement involontaire qui trahissait son âme, qu'il allait rompre tout ce qui avait pu être fait jusque là. Ses yeux roulaient dans leur orbite, comme ceux d'un homme qui cherche un parti violent, il mordillait le bout de sa moustache et frappait de son éperon d'or la dalle du trottoir en regardant le passant d'un air de fierté méprisante.

— Peut-être est-il encore temps, répartit le chef d'escadron, quant à moi, je préférerais la voir dans tes mains, et s'il le faut, je puis, au besoin, te trouver un auxiliaire près d'elle; ma femme, j'en suis sûr, réussirait à te mettre dans ses bonnes grâces; quant à ma mère, je ferai, je te le jure sur l'honneur, tout ce qui sera en mon pouvoir, pour changer sa détermination, et faire révoquer la parole qu'elle a donnée à madame Roger.

— Merci, Léon, j'étais distrait, et tu expliques mal un mouvement d'impatience, je pensais à une mission que j'ambitionne avant de donner ma démission. Elle m'eut fait faire le saut de commandant si difficile dans l'état major, où ce serait au moins un titre pour mériter la croix que j'ambitionne, si l'avancement m'est fermé dans le corps royal. Mais on en a chargé le capitaine de Mirval; c'est juste, sa femme doit l'avoir bien mis au pouvoir et nécessairement, à cause de madame, il a obtenu une préférence qui peut servir à quelqu'un.

On annonça au salon le capitaine de Mirmont. Pour la première fois, les yeux de Nathalie se baissèrent devant les siens, qui lui avaient plongé dans l'âme, en échangeant une de ces pensées muettes, qui ne s'expliquent quelquefois que bien longtemps après, et ils se relevèrent au nom de la vicomtesse Roger de Valnoir et de Monsieur Bloquel qui la suivait.

II.

Avant de continuer à jeter un coup d'œil rapide sur les quelques jours qui suivirent cette
réunion de famille, nous devons faire connaissance avec le protégé de madame Roger.

Jean - Bernard Bloquel était un homme de
trente-deux ans à peu près, au premier aspect,
on remarquait dans toute sa personne un air de
calme et de dignité qui prévenait en sa faveur ;
mais dans une analyse plus sévère on retrouvait
simplement l'homme du peuple travesti. Sa
large carrure, sa charpente osseuse et ses épaules
un peu voûtées décelaient une force herculéenne,
et sa démarche prouvait qu'il l'avait mise en es-
sai plus d'une fois. Sous ses manchettes de fine
toile sortaient aussi des mains larges et brunes,
sans cependant être ni noires ni cailleuses, les
muscles bleuâtres qui les gonflaient montraient
évidemment encore qu'il était capable de tenir
l'outil de l'ouvrier qu'il employait, et savait juger par lui-même de la qualité de ses produits.

En somme, le maître de forges était ce que l'on
appelle communément un bel homme; élégant
sans coquetterie, sa froideur pouvait passer pour
de la dignité. Son visage, sur lequel aucune passion ne pouvait se lire, paraissait ferme et ouvert,
sous ses cheveux noirs et courts et sous ses épais
favoris taillés en collier. Au dire même de madame Roger, Bloquel n'était nullement déplacé
dans le grand monde, où ses relations l'appelaient. Or, ce grand monde était composé de
confrères, de commettants, d'un président du tribunal de commerce, tous honnêtes gens, chez lesquels on reste trois heures à table, et où l'on
mange en compagnie des marmots de la maison,
qui participent à la fête. Son père était un honnête normand qui s'était tiré lui-même de la foule
et enrichi sous l'empire, en fournissant des
étriers et des mors à l'armée qui se rua si vivement sur l'Espagne. Après avoir fait rapidement
fortune, le vieillard dédaignant les temps qui lui
avaient été si prospères, changea son culte pour
sacrifier à l'autel de la restauration, et abandonna
le titre peu ronflant de marchand quincailler, qui
ne convenait plus à sa position. Il sut donc profiter habilement de la stagnation que la chute de
Napoléon mettait dans les affaires, et plaça ses
capitaux dans deux forges qu'il acheta à bon
compte dans le Berry. Les matières premières

qu'il acquit furent payées au comptant dans les
mains des propriétaires qui se sentaient de la
baisse des fonds dans le commerce, et le rusé
Normand, certain d'une hausse prochaine qui
était inévitable, attendit un bénéfice énorme qui
lui revint après deux années sur de nombreux
capitaux.

Il quitta donc la petite ville de sa patrie, et,
affublé d'un nouvel habit, il partit pour exploiter
lui-même ses propriétés. Le fils s'était donc res-
senti dans le commencement de la position du
père, qui regardait l'éducation comme une futi-
lité, puisqu'il avait su s'en passer pour devenir riche. Le vieux quincailler ne la considérait que comme un moyen accessoire de
faire fortune, aussi, celle qu'il fit donner bien
tard à son fils fut-elle incomplète. Il était de ces
personnes qui ne visent qu'à posséder beaucoup
de propriétés, maladie commune à l'âge avancé,
qui veut édifier sur terre quand il devrait s'en
détacher ; aussi mourut-il en laissant à son fils
avec ses forges un vieux château, qu'il avait acquis d'un marquis ruiné au jeu, et peu ou point
de capitaux. Bloquel fils s'était fait un peu d'é-
légance par le contact du monde dans dix années
de commerce qui lui avaient réussi, il passait
même pour un jeune homme très-bien dans la
haute société de sa petite ville natale, où, de loin

en loin, il daignait quelque fois laisser une carte
de visite, quand il allait voir ses fermiers.

A force de travail, on vient à bout de tout,
aussi, grâce à ses efforts, il avait sinon complètement effacé, mais du moins voilé son extraction,
et il pouvait passer partout sans porter avec lui
le ridicule que l'on prête au parvenu. Dix fois on
avait voulu le marier, mais le jeune maître de
forges que les leçons de son père avaient éclairé
sur ce qui est numéraire, avait subordonné l'a-
mour à un froid calcul, et dans le fond, son
caractère positif n'était pas capable de ces atta-
chements vifs et impétueux, qui enchaînent à
tout jamais l'existence. D'abord, il pesait froide-
ment la dot, sans cependant mépriser la femme,
sans la moins considérer; il éprouvait même quelquefois pour elle une affection, mais tellement
passagère qu'elles'effaçait aussitôt; quelque riantes
que fussent les images, elles fuyaient sous sa vie
agitée au milieu de deux mille ouvriers, dont il
dirigeait les travaux ; et les sentiments d'amitié
calme dont son cœur était seulement capable à la
vue d'une jeune fille belle et sensible se repliaient
sous les tracasseries du commerce. Ainsi l'avaient
fait les premières impressions de la vie, le résultat
d'une éducation tardive et trop forte pour son inexpérience et le premier pas dans un monde où
tout pour lui avait été de l'argent.

Cependant Bloquel était un honnête homme, qui pouvait rendre une femme heureuse, mais qui attendait, sans se donner la peine de la chercher, qu'elle tombât chez lui. Les vieux pères le souhaitaient pour gendre, de riches héritières fatiguées du célibat jetèrent souvent en passant près de lui, un regard de convoitise, ou l'agacèrent pour se faire remarquer, quand de hasard il se trouva près d'elles en soirées, soit chez le préfet, soit chez le maire, dont il achetait régulièrement les coupes. Depuis six années que son père était mort, il sentait le besoin d'une compagne qui s'occupât des détails de sa maison ; chaque jour il avait la pensée d'en chercher une, mais l'habitude de sa vie libre avec son régisseur le faisait toujours rejeter au lendemain. Il reportait sur cet homme qu'il avait sorti de la misère toute son affection ; il l'avait vu grandir dans la pensée fixe de seconder ses intérêts de tout son pouvoir ; et il avait tellement la persuasion de ses efforts, qui en effet surpassaient les siens, qu'ils se partageaient la besogne à partie égale, comme si leur fortune eut été de moitié. Bloquel ne quittait point les ateliers, et dirigeait la main-d'œuvre, tandis que Walpol était chargé du soin minutieux des écritures dont il avait la connaissance parfaite, connaissance qu'il avait acquise à force de peine et de travail, s'en acquittant avec une telle ponc-

tualité qu'il savait à un centime près où ils en
étaient d'actif et de passif.

Ces deux hommes ainsi unis, vivaient en se
confiant mutuellement tout ce qui pouvait agran-
dir ou aider leur commerce, qui leur était devenu
une seconde vie ; à l'un comme l'activité nécessaire à sa constitution, activité qu'il trouvait
dans ses courses, dans ses relations de vente et
d'achat, dans ses soirées passées à l'atelier, avec
l'ouvrier que la veille il quittait tard, et retrouvait au lit le lendemain matin, trois ou quatre
fois le jour, un tilbury solide le conduisait d'une
forge à l'autre, et cette surveillance sévère était
le mobile puissant qui ne laissait jamais dans l'in-
action les bras qu'il employait. L'autre, au contraire, était l'homme chiffre, qui depuis le matin
jusqu'au soir avait l'emploi de chaque heure à
son bureau, qui calculait ses recouvrements, ses
payements, qui d'avance voyait ses débouchés,
et balançait sa caisse qui faisait face et presque
toujours bénéfice, en palpant les espèces avec un
sourire presque imperceptible et un pincement de
lèvres convulsif, qui décélaient la cupidité de
son âme.

Il arriva qu'un soir de fin de mois, en faisant
cet inventaire, il aperçut un monstrueux déficit,
qui lui faisait soupçonner un vol, quand ses livres
lui donnèrent la preuve du sinistre qui les

frappait. Le prix de vente dans un mauvais
marché n'avait pas couvert la fabrication, son
inventaire mensuel lui prouvait un déficit énorme,
et en récapitulant sa caisse, il pouvait à peine
faire face à ses paiements. Minuit le surprit à ad-
ditionner son portefeuille pour la vingtième fois;
il eut voulu garder pour lui seul ce revers dont il
soupçonnait le coup affligeant pour le maître de
forges qui, ne pouvant le prévoir, fut altéré à cette
nouvelle inattendue. Malgré son activité incessante et sa probité, il se trouvait en faillite;
vendre sa propriété pour la couvrir, était fournir
à ses confrères une arme terrible contre lui, et cependant il le fallait, pour qu'il se procurât les capitaux nécessaires. Bloquel appartenait à cette
classe du haut commerce dont toutes les actions
sont contrôlées par des envieux qui, dans une
vente habilement obtenue, provoquent une ruine,
et considèrent comme honnête homme celui qui
achète, sous le nom de sa femme, un château,
quinze jours avant de faire banqueroute, quand
il eut dû, au contraire, céder une de ses propriétés pour couvrir son honneur. Combien
d'honnêtes voleurs sont ainsi absous par la loi,
après avoir fait mendier vingt familles assez
confiantes pour laisser dans leurs mains une modeste aisance acquise à la sueur de leur front. Le
maître de forges devait continuer la livraison de

ce marché qui allait engloutir la moitié de sa fortune, car le monde, s'il refusait, pouvait la consommer toute entière après un procès inévitable; mais la faute était à lui, qui avait consenti ces conditions sous l'impression du piége où il était tombé; il devait donc en subir les conséquences, et il était décidé à vendre ses propriétés de Normandie, quand une circonstance imprévue lui donna l'espoir de sortir de ce pas difficile.

Le château de Montigny, qui touchait pour ainsi dire aux forges de Presle, avait mis la vicomtesse Roger en rapport de voisinage avec leur propriétaire. Des visites mutuelles de politesse s'en étaient suivies, puis la connaissance s'était établie peu à peu, et avait amené une presque intimité entre eux, qui s'était changée en belle affection du côté de cette femme. Les dîners du manoir auraient été incomplets si le maître de forges n'y eût assisté, il en était venu même à donner des conseils à cette dame, inhabile dans les affaires, et qui, craignant les pertes dont chaque jour elle avait des exemples, lui confia les capitaux qui souffraient dans ses mains. Elle le jugeait bien en effet ce qu'il était, car sa probité ne transigeait jamais avec les fourberies qui semblent permises dans le commerce, cependant, si elle eût été physionomiste, elle eut balancé à remettre ce jour là dans ses mains une somme as-

sez considérable; son visage, en effet, venait de
prendre une expression, qui n'était ni la joie du
fripon qui médite un vol, le code à la main,
ni du banqueroutier qui accapare des fonds
pour déposer son bilan, mais une expression indéfinissable, qui avait éclairé soudainement son
visage toujours calme. C'est que ce jour était ce-
lui-même où son régisseur lui avait appris la fatale nouvelle. Il ne lui fallait que de l'argent, et il
remerciait le ciel qui le lui envoyait à temps. Sa
vie reprit du calme, ses visites continuaient, la
vicomtesse l'avait forcé d'accepter un appartement dans son hôtel, quand ses affaires l'appel-
leraient à Paris, où elle venait de partir pour passer la mauvaise saison.

Bloquel usa de l'invitation de la vieille femme
qui le présenta dans le monde, où d'avance, elle
en avait fait un portrait respectable, car, par une
manie de son âge, elle voulut le marier, pour
s'adjoindre une jeune voisine un peu à son goût,
qui lui aidât à supporter la solitude de son habitation d'été. L'une était trop railleuse, l'autre appartenait à des parents qui eussent dérogé en
s'alliant à un roturier ; celle-ci avait trop peu de
fortune, celle-là avait un parti trouvé, quand, au
milieu du flux et reflux de paroles dont elle usait
dans cette mission importante, qu'elle avait à
cœur de mettre à bonne fin, elle jeta les yeux
sur Nathalie.   3

Cinq à six visites préliminaires lui avaient
fait juger qu'elle était bien un peu adonnée aux
frivolités du siècle, mais elle comptait la corriger,
et la jeune fille donna un consentement tacite à
sa tutrice. Le maître de forges, chez lequel le
besoin de fonds commençait à se faire sentir de
nouveau, accepta ce mariage comme une bonne
affaire, puisque sa femme lui apportait trois
cents mille francs de capitaux. La spéculation
dans laquelle il avait donné tête baissée était tellement fausse, que le jour où la vicomtesse devait le présenter à la famille de Bussy, il se
voyait sous le coup d'une poursuite. Les lettres
de change qu'il avait souscrites allaient être pro-
testées faute de paiement, son mariage, à la vérité,
pouvait, et bien au-delà, les couvrir ; mais celui
qui les avait dans les mains voudrait-il tempori-
ser, ou ne préférerait-il pas, à l'instigation de
quelque jaloux, l'écraser sous le coup, en le faisant comparaître devant le tribunal de commerce
de la Seine. Il appela donc à son secours Walpole,
qui confia bien à regret ses écriture à un commis,
et se rendit près de lui, pour conjurer l'orage qui
le menaçait. Il s'agissait de renouveler les paiements, et pendant que le régisseur s'acquittait de
cette mission chez un banquier du Marais, le
malheureux était sous l'impression d'une ruine
qu'il s'exagérait, et voyait arriver à l'hôtel, des
huissiers, ou pour contre temps pis encore, il crai-

gnait que la comtesse de Bussy, instruite par des
malveillants ne vînt elle-même lui annoncer la
rupture de son mariage. Il donnait le bras, comme
nous l'avons dit, à la vicomtesse Roger, quand
Walpole calma l'inquiétude visible qui se peignait
sur son visage, par un signe qu'il interprêta :
tout est arrangé.

Il fallait hâter son mariage, une nécessité im-
périeuse le lui prescrivait, et c'était le seul moyen
d'échapper au sort qui paraissait le poursuivre.
Mademoiselle Veultant avait donné son consentement, sans songer aux habitudes de luxe et de
plaisir, qui devaient cesser aussitôt son mariage,
car Presle n'était point le faubourg Saint-Germain, et la réflexion pouvait le lui faire rétracter
quand elle jetterait un regard sur le séjour qu'elle
avait fait dans un monde d'où elle allait descendre. Alors il était ruiné, ses forges et ses do-
maines entraient dans le gouffre qui se creusait
chaque jour plus profondément. Il entra donc à
l'hôtel de Bussy avec la pensée d'accélérer son
union, en prétextant une stagnation dans ses affaires, que sa présence seule pouvait faire cesser,
et il réussit, car lorsque la vicomtesse l'eut présenté à Nathalie, qui le reçut avec moins d'indifférence que par le passé, sous l'impression que
l'on avait provoquée en elle, la famille entière
applaudit à son subterfuge, que l'on regardait

comme un excès d'ordre bien pardonnable à un homme surchargé de tant d'affaires. La cérémonie fut donc fixée au délai le plus court que prescrivait la loi, et le banquier porteur de ses effets de commerce, reçut, quinze jours après le renouvellement des billets qui se trouvaient encore dans ses mains, la lettre de faire part du mariage de M. Bloquel avec mademoiselle Nathalie Veultant.

III.

Bloquel se trouvait placé à table vis-à-vis de Nathalie, qui crut reconnaître en lui un homme tout autre que celui qu'elle avait vu jusqu'à ce jour. En effet, la nouvelle favorable que Walpole lui avait transmise, avait remis son caractère dans son état normal, et la vue d'une femme jeune et belle, qui paraissait sinon lui sourire, mais du moins le regarder avec intérêt, éveillait dans son âme une sympathie qui n'était peut-être pas un amour bien tenace, mais qui cependant était de l'amour. Pour la jeune fille aussi, ce n'était plus un importun, elle éprouvait alors un sentiment vague dans ce regard qu'elle jetait à la dérobée sur lui, mais un sentiment qui se partageait entre deux êtres qu'elle idéalisait ensemble, et dont le parallèle laissait l'avantage au maître de forges, quand celui auquel elle aurait voulu donner la préférence dans sa pensée était d'une indifférence plus que glaciale.

Le capitaine de Mirmont, en effet, était d'une

mauvaise humeur tellement visible, que le chef
d'escadron crut devoir expliquer sa pensée et reporter ce froid qu'il affectait à son prochain départ. Pour Nathalie, cet éloignement n'était autre
chose que l'oubli, aussi tout ce que son observa-
tion avait de favorable se reportait avec violence
sur l'époux que sa tutrice lui avait choisi. Sa ga-
lanterie, sa prévenance, les compliments spiri-
tuels qui sortaient naturellement de sa bouche, et
le bon ton, si peu familier aux parvenus, avec
lequel il faisait la cour à sa fiancée, formaient un
contraste bizarre avec l'officier du palais, que
l'on surprenait presque impoli pour la première
fois. Il paraissait même de mauvais ton à la
jeune comtesse de Bussy qui autrefois, souhaitait
en l'admirant que son mari fût placé dans cette
arme. Ce n'était point dans sa pensée du mépris
pour le comte, ni de l'amour pour le capitaine,
mais seulement de la fierté d'accompaguer l'aide-
de-camp, dont on admirait l'élégance aux bals
de la cour, où plusieurs fois il avait conduit les
jeunes femmes.

Personne ne reconnut dans ce changement subit une passion qu'aucun obstacle n'avait jusqu'alors fait ressortir, mais qui apparaissait violente, au moment où l'objet qui l'avait d'abord
allumée, calme et paisible allait lui échapper.
Fatigué de la présence du maître de forges, qu'il

haïssait sans trop savoir pourquoi, il prit gauchement congé de la famille qui l'avait admis dans
son intimité, et se mit à arpenter sans volonté
fixe les rues du faubourg Saint-Germain ; cou-
doyait l'un, posant le pied sur l'autre, sans lui
demander excuse, heurtant violemment sur le
trottoir la jeune fille en course, que plus d'une
fois il avait failli renverser sans détourner la tête.
Il marcha ainsi deux heures, tantôt avec vitesse,
comme l'amant qui se croit en retard au rendez-
vous, tantôt avec la lenteur d'un vieillard dont
le pied débile a perdu toute son élasticité, et il
s'arrêta presque au point d'où il était parti, après
avoir décrit un arc de cercle autour de son
hôtel. Un éclair de bonheur, aussi subit et aussi
éclatant que celui du littérateur qui trouve le dénouement qu'il cherchait, illumina son visage, et
il se mit à se promener dans son appartement,
après avoir sonné son cocher pour atteler. Il
jetait son uniforme sur le parquet de sa chambre,
et tout en prenant ses habits de soirée il discutait tout haut ce qu'il allait faire pour supplanter le capitaine de Mirval, dont la mission
lui était nécesssaire pour oublier Nathalie, et
avec elle, l'homme dans la main duquel il ne
pouvait raisonnablement mettre une épée.

Pendant ce temps, la jeune fille s'impression-
nait des illusions dont l'imagination dorait un

amour dans lequel elle mettait sa croyance et au
milieu de tout ce monde réuni pour elle, son
cœur se sentit un moment à l'aise. Elle soupçonnait un bonheur calme, quand elle eut complètement chassé de son esprit tout ce qui n'était point en
harmonie avec la peinture que les deux femmes
lui faisaient de l'union qu'elle allait consommer.
Bloquel aussi commençait à apercevoir dans la
vie un vide, dont jusqu'alors il n'avait point eu
d'idée ; il ressentait un besoin d'aimer, qui lui
faisait voir dans mademoiselle Veultant, la femme
née pour lui, et son affection, dont le premier
mobile n'était cependant que l'argent, se reportait
sur elle de toute la force dont son âme était capable. Il abusait ainsi sa jeunesse et son inexpérience sur un sentiment que sa bouche exprimait avec une simplicité que jamais elle n'avait
vu employer aux admirateurs qui tant de fois s'é-
taient jetés sur ses pas dans les salons où la conduisait sa cousine. La crédule jeune fille soupi-
rait après la vie de fête qu'il semblait lui promettre, et quand il la quitta, elle se jeta dans
les bras de la comtesse de Bussy, en la remer-
ciant d'avoir songé à son bonheur. Mathilde elle-
même, qui l'avait vue si triste le matin, ne put
s'empêcher de sourire, en écoutant les rêves
qu'elle projetait pour l'avenir, et pour la première
fois peut-être, depuis qu'elle allait dans le monde,

elle s'endormit sans penser aux plaisirs qu'elle prendrait le lendemain. C'est que son cœur s'était impressionné au premier mot d'amour, et sa jeunesse confiante n'avait pas su débrouiller que ce n'était que de l'estime pour un honnête homme. Puis sa coquetterie se joignit encore à ce sentiment mal interprêté, parce qu'il s'accompagnait d'une villa magnifique où elle se voyait déjà reine, et qu'elle souriait de la jalousie de ses compagnes dans son équipage et sous ses riches parures de mariée.

Quant au chef d'escadron, plus habile à conduire une charge en ligne qu'à débrouiller l'actif que son futur cousin analysait, en additionnant sa fortune comme une facture, il ne vit dans la facilité avec laquelle le négociant lui faisait ce compte qu'une grande habitude d'ordre, sûr garant du bien-être de Nathalie, qu'il aimait comme une sœur.

A son tour, la jeune comtesse, qui adorait son mari, trouvait sa cousine bien heureuse de pouvoir vivre sans cesse près du sien, quand il lui fallait si souvent se séparer de lui, pour le voir six mois dans une mauvaise ville de garnison. De Mirmont, au dire des jeunes époux, eut aussi été séparé d'elle de temps à autre, et la fortune de mademoiselle Veultant dans les mains de l'officier d'état-major eut marché beaucoup plus ron-

dement que dans celles du maître de forges. L'aide-
de-camp fut donc rejeté à l'unamité par la famille de Bussy ; cependant ils se trompaient hor-
riblement en pensant qu'une jeune fille qui avait
brillé par son esprit et sa beauté dans le grand
monde, put consentir à vivre heureuse en en
descendant ; il faut aux plantes leur climat et
leur soleil, il faut à l'espèce humaine son affection et ses attractions dans la sphère qui lui
est propre.

Pendant que la famille disséquait, pour ainsi
dire, les qualités physiques et morales de l'homme
qu'elle admettait dans son alliance, on annonçait
Athanase de Mirmont chez le duc de L...., où il
y avait soirée. Le capitaine s'était composé le visage, et personne dans cette fête ne pouvait débrouiller l'arrière pensée qui l'amenait dans un
salon où depuis longtemps il ne paraissait plus ;
aussi malgré la politesse obséquieuse dont le
maître de la maison usait à son égard, on savait
qu'il y avait eu entre eux une rivalité qui venait
de Mademoiselle Veultant, que le diplomate avait
calomniée en présence d'Athanase, qui lui avait
donné un démenti formel. Un duel eut dû en être
le résultat, mais l'habitué des réunions politiques
juste-milieu, entra naturellement en arrangement
et jeta ses vues sur madame de Mirval. Cette
jeune femme, éblouissante de luxe, faisait faire

cercle autour d'elle, et le duc quitta le fauteuil où
il était à sa droite pour recevoir l'officier d'état-
major.

Pour tout le monde, il n'y avait dans cette démarche qu'un retour dans une société qui ne devait point souffrir d'une brouille survenue à propos
d'un mot, mais le rusé courtisan supposait aussitôt que la femme qu'il croyait posséder avait
conduit M. de Mirmont près de lui. Athanase, en
effet, venait de jeter un regard de pitié sur cette
femme, victime d'une rouerie, que l'éloignement
de son mari allait protéger ; mais perdue ou non,
il voulait bien garder le silence, pourvu qu'il par-
tît à la place de Monsieur de Mirval. Cette mission était l'unique remède qu'il pût employer
contre son amour naissant, alors qu'il n'était plus
temps de le faire partager.

— Ma présence ici doit sans doute vous éton-
ner, monsieur le duc, dit-il, en prenant un air
profondément sérieux, mais madame de Mirval
autorise cette démarche.

— Monsieur, fit le duc avec un geste de surprise qu'il ne put réprimer, en entendant ce nom,
j'ignore...

— Rassurez-vous, continua-t-il, en le suivant
dans l'embrasure d'une fenêtre, je ne suis point
son amant, et n'ai point l'intention de le devenir,
mais son mari est mon ami, et à ce titre, je viens

déjouer une intrigue, dont le ridicule doit lui rester, en perdant sa femme.

— J'ignore absolument ce que vous voulez dire répartit vivement le diplomate, en s'approchant davantage d'Athanase, pour le forcer à baisser la voix.

— Alors, Monsieur, deux mots vous l'apprendront, il faut que l'on me confie la mission dont on a chargé le capitaine de Mirval.

— Je ne vois pas ce que peut avoir de commun cette mission entre madame de Mirval, vous et moi.

— Ecoutez, M. le duc, je deviendrais ridicule en vous expliquant votre pensée, que j'ai été assez clairvoyant pour comprendre, ce que vous me nieriez certainement; Madame de Mirval est une femme légère qui aime peu son mari, trop brusque, j'en conviens; le contraste de votre caractère, l'orgueil, peut-être aussi, d'enchaîner le volage que l'on cite pour ses bonnes fortunes, ont fait sur son cœur naturellement sensible, une impression que vous avez provoquée et dont vous suivez les progrès rapides. Un homme comme vous, appelé aux cours étrangères, plaît à une femme qui de suite s'établit en parallèle avec de grands noms sonores d'aristocratie. La présence du mari vous gêne... Vous l'éloignez.

— Ce n'est pas moi, reprit gauchement le diplomate, étonné de cette brusque sortie.

Pour le croire, je veux partir à sa place ; à cette condition je garderai le silence, parce qu'alors je ne deviendrai point le complice d'une bassesse dont je ne pourrai plus être le témoin.

Tant d'audace énoncée d'une voix aussi calme ne fit point sortir le duc de son caractère. Un homme comme l'aide-de-camp ne se mettait point à la porte, rompre avec lui était recommencer une scène dont le dénouement eut été ridicule ; aussi il se contint, dans la pensée qu'Athanase pourrait éclairer son ami, qui après tout aurait certainement pris des mesures. En effet, soit qu'il ne vit dans son aveu que de la jalousie ou le résultat de mille petites démarches dont il avait peut-être déjà le doute, les assiduités du duc parlaient déjà trop haut, pour qu'un mot ne fût point une preuve presqu'évidente, Il répliqua d'un ton mielleux :

— Je vous crois, capitaine, assez de bon sens, pour ne voir dans ce que vous me dites, qu'une calomnie sans fondement, et à laquelle vous ne croyez pas. Je veux bien faire ce que je pourrai pour vous être agréable, mais en revanche, Monsieur, je vous en supplie, que le nom de cette femme cesse de se trouver prononcé soit ici, soit ailleurs.

— Adieu, Monsieur le duc, j'attends l'effet de votre promesse, demain, à l'heure où je me rendrai de service chez le général G..., près duquel je suis momentanément détaché; mon silence est à ce prix auprès du père et du mari, et il tourna brusquement le dos, assuré d'avance du succès de sa démarche.

Walpol depuis son retour, réfléchissait aussi en attendant le maître de forges que la vicomtesse avait entraîné à l'Opéra, et il repassait dans sa mémoire quel serait son avenir à lui. Pour la première fois, la femme qu'il voyait arriver, et changer la forge de Presle fit naître dans son âme une pensée criminelle d'égoïsme, que voilà la présence de son maître qui rentrait. En dix mots il le mit au fait de sa négociation avec le banquier, et il lui donna le bonjour, en se disposant à partir, puisque sa présence était inutile.

— Trois quarts du cent pour un mois, dit Bloquel, c'est un peu trop voler, mais enfin il le fallait, tu as agi sagement.

— Sans la presque certitude de votre mariage, que j'ai confirmé, et le nom de Bussy que l'on répète à la nouvelle Athènes je ne devais point m'attendre à faire consentir ce vieux chiffre de B... qui calcule l'intérêt d'un centime.

— Cependant, reprit le maître de forges, avec

un mépris mêlé de mauvaise humeur, j'ai de quoi répondre.

— Le commerce ne se fait point par la voie du bureau des hypothèques.

— Je le sais, aussi je vais hâter mon mariage.

— Il faut terminer vivement cette affaire, reprit le régisseur, sans s'apercevoir de l'expression vicieuse qui sortait de sa bouche, vous en sentez la nécessité, il vous reste un mois et le banquier B...

— Trois cent mille francs comptant et pour une double valeur de propriétés, fit Bloquel, en appuyant sur chaque somme comme l'enfant qui énumère des chiffres.

— Alors, mariez-vous sous le régime de la communauté, repartit Walpol, en lui serrrant la main. Bonne chance, ajouta-t-il, en montant dans le fiacre qui le conduisait aux messageries.

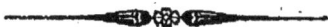

IV.

Le lendemain, peu de temps avant l'heure où l'officier d'Etat major se rendait au château pour son service, un valet de chambre du duc lui remit le billet suivant :

« Capitaine,

» Pour vous prouver combien l'on vous a trompé sur les vues que l'on me suppose, et sauver dans votre esprit la réputation d'une femme pour laquelle je n'ai jamais eu que la plus profonde estime, je tente la démarche dont nous sommes convenus.

» Veuillez passer chez moi à l'heure de votre loisir, pour connaître le résultat, qui devra vous parvenir avant deux heures. Le général G....., près duquel vous êtes de service aujourd'hui, m'accorde la journée que je lui ai fait demander pour règler entre nous une affaire importante.

» Duc de L... »

4

Le diplomate mettait trop de maladresse à s'a-
vouer vaincu, pour que l'aide-de-camp ne lui ré-
pondît point sur un ton analoge. Il savait jusqu'où
la corruption avait mené tous ces maltôtiers,
seulement il n'eût point cru qu'un homme comme
le duc en fût venu à ce degré de bassesse, de
craindre une dénonciation près du général G...,
ère de madame de Mirval; aussi, après avoir
eté le billet avec un air de mépris qui n'échappa point au valet, le capitaine répondit à la
hâte.

« Vous pouvez, Monsieur, avoir confiance en
ma parole, quand je l'ai donnée sur l'honneur.
Je serai dans trois heures à attendre votre réponse
à Tortoni. Ce sera le moyen de vous prouver à
mon tour que je n'ai pu avoir d'entrevue avec le
général G....., qui ne peut cependant se passer
de moi ce matin.

» Athanase de Mirmont. »

Siècle de boue! dit-il après le départ du valet,
en se promenant avec agitation dans sa chambre;
et cette femme qu'il plaignait du plus profond de
son cœur, et qu'il eut voulu sauver sans la com-
promettre, ce qui était impossible, rejeta sa pensée sur Nathalie. Son amour s'était tellement
grandi depuis la veille, qu'il ne pouvait considé-

rer sans effroi le progrès rapide que cette passion faisait dans son âme. Il rappelait à son imagination toutes les circonstances dans lesquelles il s'était attaché à la jeune fille, et il la maudissait, sans cependant pouvoir à son âge la taxer de coquetterie ; puis, par une subite réaction de pensée, il s'accusait de l'avoir laissée échapper de ses mains : qu'avait-il fait d'ailleurs pour la retenir, et pourquoi, sans lui témoigner d'autre affection que celle d'un frère à sa sœur qu'il voit grandir sous ses yeux, avait-il attendu l'âge où la jeune fille serait recherchée, sans lui faire connaître que son affection était devenue de l'amour.

Enfin, pour l'oublier, il lui fallait l'éloignement, c'était selon lui le remède le plus efficace à employer pour sa guérison, et il revint du rendez-vous du duc, sinon consolé, du moins le cœur endurci, car il possédait son ordre de départ pour l'Abyssinie, où il allait accomplir une mission spéciale du ministère de la guerre.

De retour chez lui, ses pensées prirent alors une autre direction, celle du doute : Nathalie ne l'aimait pas, puisqu'elle se donnait gaîment à un autre, auquel il l'avait vue sourire ; il pourrait se jeter en tiers entr'eux, mais c'eut été indigne de lui, de son caractère franc et loyal. Il s'affermit alors dans la résolution de ne revoir mademoiselle Veultant que dans quelques années ; puis, les

jours qui lui restaient à passer à Paris, il décida
qu'il se jetterait dans le tourbillon du monde léger.

Cependant il ne pouvait rompre aussi brusquement avec la famille de Bussy, liée de tout
temps avec la sienne, et pourtant, dût-il passer
pour impoli, il fit serment d'annoncer son départ
à Léon son ami, et en dehors de l'hôtel, sans revoir ses femmes, surtout celle à laquelle il n'aurait peut-être point la force de ne point laisser lire
son amour. Telle est l'inconstance du cœur hu-
main, que le soir même il se faisait annoncer
chez Mme de Bussy; les deux cousines s'empa-
rèrent de lui, et Nathalie, heureuse de sa présence, lui reprochait, avec son air de familiarité
habituelle, l'isolement dans lequel son départ
pour l'Afrique allait les laisser.

— C'est bien mal à vous, Monsieur, de quitter
ainsi ses amis, quand on est libre de rester près
d'eux ; nos émotions ne vous suffisent pas, sans
doute, il vous faut celles de la guerre, lui dit Nathalie, et ses yeux plongeaient dans ceux du jeune
homme. Pour la première fois, elle lut dans ce
regard une pensée qu'elle ne put définir. Autrefois, elle commandait en maîtresse souveraine
Athanase, qui s'empressait toujours de souscrire
à ses moindre caprices, mais il était devenu
depuis deux jours, d'une réserve telle, que la

jeune fille et sa cousine se perdaient en conjectures
sur ce changement si subit.

— L'ambition est le seul motif qui me fait agir,
et c'est un sentiment bien permis à un militaire
qui n'est retenu par aucun lien de famille. Que
Léon marche seulement quand un ordre le lui
prescrira, c'est ce que je conçois très-bien, madame, dit-il, en fixant la comtesse Mathilde,
mais moi...

— Cependant, dit Nathalie, en l'interrompant,
pourquoi plutôt vous exposer que lui, et mettre
ainsi vos amis dont vous vous séparez aussi subi-
tement, dans l'inquiétude sur votre sort.

Sa voix avait pris une inflexion de sentiment
qui ne lui était point habituelle, et dont les notes
vibrantes frappèrent le cœur du jeune officier.
Il songeait qu'il n'y a qu'un pas de l'amitié à l'a-
mour, et ce pas, Nathalie pouvait peut-être
encore le faire, et lire dans son âme. Il se rendit
donc chaque soir comme d'habitude aux soirées
intimes de la rue de Lille, dans sa pensée il espérait supplanter Bloquel, mais ses assiduités furent
vaines, car les visites devinrent tellement nom-
breuses chez Mme de Bussy, que de Mirmont,
muet par un scrupule exagéré, put à peine dire
quelques mots à mademoiselle Veultant, en lui
parlant des yeux.

Nathalie, de son côté, occupée des préparatifs

de son mariage qu'elle laissait faire, et sans cesse
entourée de parents, d'amis ou de visiteurs, n'a-
vait que la nuit pour se replier sur elle-même.
Les deux images du maître de forges et de
l'aide-de-camp se confondaient dans sa pensée,
et cependant c'était avec inquiétude qu'elle
voyait M. de Mirmont aussi assidu près d'elle,
ou du moins chez Mme de Bussy. Ses prévenances, sa politesse, jusqu'au son de sa voix, tout
dans sa personne lui paraissait inexplicable, elle
se sentait triste devant son mutisme, il lui semblait qu'entr'eux deux, il n'y avait qu'un mot à
expliquer pour lui redonner un passé qu'elle
voyait fuir.

Puis, par une réaction en sens inverse de celle
qu'éprouvait Athanase, son orgueil de femme
prenait toujours le dessus de l'affection, et elle se
grandissait en songeant qu'il la traitait déjà
comme une dame.

Les jours s'étaient rapidement passés, et la cérémonie allait avoir lieu ; Bloquel avait suivi le
conseil de son régisseur, en signant le contrat qu'on
lui avait consenti sans difficulté, tant la famille
de Bussy remettait avec confiance Nathalie dans
ses mains. On parait enfin la victime pour la fête,
on la parait insoucieuse comme toutes celles qui
l'ont été avant elle, comme toutes celles qui le
seront après ; elle avait choisi sa corbeille de noce

et s'extasiait sur la richesse de sa parure de mariée. Elle avait bien dans l'âme quelque vague crainte de l'action qu'elle allait consommer, mais les scrupules de sa pensée, où Bloquel ne paraissait jamais sans l'image du capitaine, s'évanouirent devant les bijoux et les parures; comme tant d'autres jeunes filles, sans se rendre compte, elle laissa faire, elle laissa dire pour elle.

De Mirmont parut comme tous les autres soirs, attendit la veille du mariage, le départ des importuns, et quand la famille fut seule, il lui fit ses adieux. L'ordre était précis. Le commandant de Bussy connaissait la ponctualité du service mieux que sa mère et que les deux jeunes femmes qui voulaient retarder le départ de son ami, aussi l'excusa-t-il en lui serrant la main. Athanase, pâle, et la mort dans le cœur, un aveu prêt sur le bout des lèvres, s'approche de Nathalie, et en l'embrassant la dernière, il murmure tout bas à son oreille :

— *Soyez heureuse !!!* Adieu...

Soyez heureuse! tout le monde s'attrista en voyant ses traits contractés, la comtesse Mathilde seule avait saisi le véritable sens de ces paroles qui venaient de l'éclairer, mais hélas, il était trop tard, et le lendemain, sa cousine était madame Bloquel, aux yeux de la loi.

Il est donc des êtres tellement voués au mal-

heur, par l'intuition des sentiments et par leur
organisation morale, que poussés à accomplir un
des actes ou chacun des actes de la vie, qui enchaînent à tout jamais leur avenir, le regret ou le
repentir les atteint l'instant qui suit l'accomplissement de l'acte fatal.

Nathalie fut de ce nombre, on eut dit que la loi
qui la plaçait sous le joug de la discipline con-
jugale l'avait éclairée sur le sentiment qu'elle dé-
finissait alors qu'il n'en était plus temps. D'un
coup d'œil rapide, elle embrassa toutes les phases
de l'affection qu'elle avait refusée ou du moins
qu'elle n'avait pas comprise, et le bonheur que
lui souhaitait M. de Mirmont lui parut un san-
glant reproche de sa légèreté.

D'un coup d'œil rapide elle embrassa toutes
les phases de sa vie passée et l'avenir lui apparut
sous des couleurs sombres et terribles. Elle descendit du piédestal qu'on lui avait fait pour entrer dans un nouveau monde où sans doute son
âme serait froissée. Comment avait-elle pu ainsi
s'abuser sur ses propres besoins ; elle apercevait alors dans son mari, car il était bien le
sien devant la loi, les ridicules et les imperfections
qu'on lui avait voilés ; elle sentait déjà que son
attachement ne pouvait lui suffire, elle ressentait
aussi les douleurs du cœur qu'elle avait brisé sans
le vouloir. Elle comprenait la délicatesse de con-

duite de son ami, qu'elle ne pouvait plus posséder sans devenir coupable.

Cette réaction fut terrible, mais il était trop tard, et l'image de son père pleurant sur elle apparut à son imagination troublée. Près du noble vieillard la poitrine couverte des témoignages de sa valeur et de sa gloire, elle plaçait l'aide-de-camp suivant ses traces. C'était bien sa bouche qui devait murmurer à son oreille l'harmonie qu'elle avait si souvent cherchée dans ses nuits d'insomnie ; c'était sa main dont le contact devait faire tressaillir la sienne. Comment avait-elle pu sentir celle de son mari, ce nom qui vint sur ses lèvres la fit tressaillir en se trompant sur l'émotion qu'elle produisait ; c'était le contact ordinaire d'un attouchement d'homme, mais ce n'était pas la sympathie de deux existences faites l'une pour l'autre.

Plongée dans une morne atonie, madame Bloquel se retira dans sa chambre pour essayer à y soulever le voile d'une existence qui commençait sous des auspices aussi malheureux.

Le soir elle avait composé son visage que bien des larmes avaient inondé, pour cacher son chagrin à celle qui lui avait servi de mère. La comtesse de Bussy ne voyait dans l'abattement de sa pupile que l'émotion du jour où sa vie subissait un si grand changement ; et Mathilde douce et bonne, consolait sa cousine, sans pénétrer dans son chagrin, dont elle soupçonnait la véritable cause. La jeune femme cependant voyait avec plaisir l'union contracté par Nathalie, car dans son intime persuasion Bloquel était un honnête homme, mais elle ne soupçonnait point que cette âme de feu avait aussi compris la pensée de l'homme, dont un mot lui avait expliqué, ou mieux, dévoilé ce que c'était que l'amour. Mais cet homme était parti, l'absence cicatrise souvent ces blessures ; il était parti pour de longues annés, peut-être pour toujours ; tout le mal était pour lui, son bon cœur souhaitait qu'il revint à eux oublieux du passé. Elle se promit donc de veiller sur sa cousine, si, par un retour inattendu, Athanase venait porter le trouble dans le cœur de cette jeune femme qu'elle aimait comme sa sœur. En attendant l'heure de la cérémonie religieuse, elle lui peignit encore les émotions qu'elle avait éprouvées, il y avait si peu de temps, elle-même, pour l'aider à achever ce qu'elle avait regardé aussi comme un sacrifice, quand ce n'était que le commencement du bonheur.

Bonheur !..... Nathalie voulut bien faire le semblant de croire à ce mot, elle était résignée et se grandissant, pour effacer la douleur muette qui la suffoquait, elle revêtit ses habits de mariée pour la cérémonie religieuse.

Minuit sonnait, une longue file de riches équipages se dirigeaient au trot de leurs chevaux vers l'église. Le valet de chambre de la dernière voiture se retourna plusieurs fois sur son siége, pour suivre la marche d'un militaire à cheval, entortillé dans les plis d'un long manteau, et qui paraissait les suivre. Cet homme mesurait son pas sur la marche rapide du cortége, sans dire un mot, il jeta les rênes au domestique qui le suivait, et pénétra lui-même dans le temple catholique.

Le sacrifice s'accomplissait, le oui sacramentel fut encore une fois prononcé par la jeune fille, qui ne pouvait plus dire non, la loi civile avait tout terminé la veille. Le vieux prêtre à cheveux blancs avait peut-être compris l'inflexion douloureuse de ce mot qui s'échappait de son cœur avec une expression contraire au sens que murmuraient ses lèvres, car il ne prononça que ces mots d'une voix émue :

— Soyez heureux !!! Je vous bénis.

— Qu'il soit heureux sans moi, pensa Nathalie, en étouffant un soupir.

— Qu'elle soit heureuse sans moi....., murmura Athanase, en appuyant la main sur son cœur qui battait à rompre sa poitrine.

La même pensée unissait leurs âmes, séparées par les combinaisons intéressées du monde ; la loi civile allait régler leurs affections , et la

loi religieuse condamnait même leurs sympathies.

Le cortége reprit sa marche sous les vieilles arcades de l'église déserte, témoin muet de tant de
nocturnes sacrifices ; un soupir partit de la
pénombre de la nef, les vieilles femmes crurent
que c'était celui de quelqu'âme en peine, mais
deux personnes l'avaient compris, et toutes deux
jetèrent en même temps les yeux dans l'ombre
des colonnes.

Mathilde et Nathalie ne s'étaient point trom-
pées, c'était Athanase.

V.

Deux voitures de poste se heurtèrent par la faute des postillons, à la jonction de la rue du Bac avec celle de Lille, un officier d'état-major, en tenue de voyage, mit la tête à la portière, pour ordonner à son conducteur de céder le pas à la berline de voyage ; c'était le capitaine de Mirmont qui partait en mission en Algérie.

— Bonne chance ! lui cria le commandant de Bussy, qui avait opéré la même manœuvre, en ressentant le même choc, et qui ne fut point médiocrement étonné de cette rencontre.

Mathilde et Nathalie échangèrent un regard d'inexprimable angoisse, les yeux de la jeune mariée venaient de plonger malgré elle dans la voiture de l'officier. La veille elle avait jeté à terre un des fleurons de son bouquet d'oranger, Athanase tenait à la main ce souvenir.

Les voyageurs prirent rapidement une direction opposée, mais la distance n'efface point toujours les traces de l'amour, et ni l'un ni l'autre ne devaient trouver les consolations de l'oubli.

Le comte de Bussy devait rejoindre son régiment après avoir passé quelques jours au domaine de Presle avec sa famille. La comtesse, sa mère, accompagnait sa pupile pour lui donner les premiers conseils du ménage, et l'habituer à son nouvel intérieur. Aussi, en voyage, la conversation entre gens qui se connaissent depuis si longtemps languit les premières lieues franchies. Chacun en effet se taisait, et paraissait respecter le silence méditatif de la nouvelle mariée, pour quelques uns c'était le chagrin de quitter sa vie parisienne, pour d'autres c'était un autre motif, mais ils se trompaient tous sur l'expression de son visage.

Elle se rappelait, sous le prétendu masque de résignation qu'elle avait revêtu, tous les souhaits, toutes les paroles confuses qui s'étaient croisées devant elle avec une profusion d'images qui fuyaient alors sous un seul nom ; et ce nom qu'elle eut voulu entendre prononcer, cet homme qu'elle venait voir partant pour un exil sans doute volontaire, où il allait chercher la mort, séchèrent tout-à-fait ses yeux, ses larmes désormais invisibles au monde, ne devaient plus retomber que sur son cœur.

Alors, pendant tout le voyage, son imagination lui retraça la marche rapide de l'officier d'état-

major sur la terre étrangère, où dorment sans lin-
ceul et sans sépulture tant de Français frappés au
champ de bataille. Ces lugubres images lui appa-
raissaient avec toutes les tortures qu'infligeait
'aux victimes, dans une guerre d'extermination,
un peuple sauvage frappant au nom de sa religion. Le nom de l'Hadjoute inhospitalier, du
Kabyle féroce sifflaient à son oreille, comme la
balle meurtrière qui devait atteindre Athanase,
elle se souvenait avec horreur des scènes de carnage qu'elle avait lues dans les journaux qui ren-
daient compte de nos dernières opérations au bois
des *Karésas à Mered*, au grand camp de Blidah
et dans le ravin des Voleurs. Dans son muet désespoir, elle voyait de Mirmont, lui qu'elle aimait
tant alors, et qui se sacrifiait pour elle, étendu,
baigné dans son sang, au milieu d'une horde
d'ennemis sauvages; il prononçait, dans les tortures d'une longue agonie, son nom qu'il maudissait en mourant loin de sa mère.

Encore une fois, on la força de rompre le silence, pour lui parler de bonheur, mais son cœur
refusa d'écouter, et la voix de son mari, pas plus
que les autres, ne put détendre la corde muette
que l'on essayait à faire vibrer. Les voyageurs
allaient atteindre les forges de Presles, déjà le
bruit des marteaux retentissait distinct et sonore,
madame Bloquel, sur le point d'entrer dans cette
maison, se traça d'un coup d'œil sa vie de rési-

gnation, et elle descendit, l'âme trempée dans la force et le calme de sa dignité.

Au lieu du château brillant que la vicomtesse Roger avait peint à la famille comme un manoir gothique qui avait survécu au temps, ils ne trouvèrent qu'une masse informe, en ruines et dans laquelle il avait été très-difficile de préparer des appartements pour recevoir la jeune femme. Les cours encombrées de matériaux avaient à peine un arbuste qui se montrât çà et là écrasé sous les masses de fer qui étaient jetées de tous côtés ; la moitié des jardins avaient été transformés en remises et en bureaux. L'âme était malade à l'aspect de cette demeure.

Nathalie se montra au milieu de tous les ateliers que son mari lui fit visiter ; et son visage bienveillant, sa démarche de reine impressionnèrent vivement les ouvriers stupéfaits de tant de beauté et de distinction. Les femmes la contemplaient avec confiance, tant la douceur et la bonté se lisaient dans les traits réguliers de son visage, les jeunes filles enfin restaient en extase devant la femme du monde, dont elles ne pouvaient s'expliquer la présence à Presles.

— Monsieur Bloquel a pris une bien grande dame, disaient tout haut les paysannes, en la voyant dans le voisinage qu'elle explorait avec ses parents.

Ce fut fête à Presle pendant quinze jours, fête

pour tout ce qui dépendait de la forge. Madame, Bloquel s'efforçait de paraître gaie, et de recevoir amicalement tout ce qui s'approchait d'elle ; puis elle prit congé de ses parents, et se relégua dans son appartement, qu'elle fit vœu de quitter le moins possible.

Brisée à son début dans la vie, elle voulait mourir.

Reléguée presque tout le jour dans sa chambre, un nouvel ordre de réflexions occupa madame Bloquel, car le maître de forges avait repris le train habituel de sa vie passée, au milieu de ses ateliers. Au moral et au physique, sous le rapport de l'intérêt et de l'affection, elle s'était malheureusement illusionnée, et elle avait été trompée autant que sa tutrice et le comte de Bussy. Son mariage alors était un mariage d'argent, car devant la position que lui faisait son mari, qui paraissait à peine penser à elle, que pouvait-elle supposer ?

Descendant ensuite des généralités, elle analysait les heures rares qu'elle passait chaque jour avec lui ; c'était à peine, au lieu même d'un mot d'amour, s'il glissait une expression de prévenance à cette âme sensible, aussi sensible qu'une fleur, et qui avait besoin de vivre toujours entourée des doux soins qui l'avaient suivie jusqu'aux forges qu'elle habitait. Alors son dédain en

5

suivant cette pente fatale, descendait pour lui presque jusqu'au mépris.

Bloquel, en effet, ne comprenait pas cette organisation nerveuse, dont la vie toute de sentiment ne pouvait se passer des embrassements de feu qu'elle avait rêvés ; il ne s'apercevait pas que son cœur de glace broyait, jour par jour, cette âme qui se mourait lentement sous une agonie provoquée par un isolement que la poésie nourrissait.

Dans les commencements du voisinage et à la suite des noces, auxquelles elle avait assisté, madame Roger de Valnoir était venue à Presles, pour entrer dans l'intimité de la jeune femme ; mais ce fut en vain, car après les quelques visites de convenances obligatoires dans le monde, madame Bloquel refusa de paraître au château de Valnoir, et de prendre part aux plaisirs bruyants que la vicomtesse inventait chaque jour pour elle. Poursuivant son idée fixe, elle se livrait à des promenades solitaires, pendant lesquelles sa pensée se reportait avec amertume sur le passé brillant qui lui avait un instant apparu pour fuir comme un songe.

Elle était loin de ce monde où elle avait brillé un jour, loin de la cour, où un autre homme l'eut sans doute placée, après l'y avoir tant de fois présentée, alors qu'elle était jeune fille, comme pour

l'apprendre à essayer de ce rang, pour lequel elle
était née. Elle dévorait tout ce qu'elle trouvait
d'écrits sur l'Algérie, et suivait ligne par ligne les
comptes-rendus des opérations de nos troupes
dans les provinces toujours en guerre.

Un jour de la fin de l'été, comme elle tardait à
rentrer pour l'heure habituelle du repas du soir,
Walpole et son mari, inquiets de son absence pro-
longée, la trouvèrent inanimée sur un ban de ga-
zon, elle venait de lire ces lignes.

« Le capitaine d'état-major, de Mirmont, sur-
» pris dans une embuscade en faisant une recon-
» naissance, n'a dû sa vie qu'à une brillante dé-
» fense ; soutenant presque seul la retraite, et
» voulant ménager ses hommes, dont plusieurs
» sont tombés à ses côtés, a fait preuve d'un
» courage tout-à-fait hors ligne.

» Le général en chef porte le nom de cet offi-
» cier à l'ordre de l'armée, et le recommande
» tout particulièrement à monsieur le ministre de
» la guerre. »

Il était six heures, et depuis une heure environ,
Nathalie, foudroyée par cette horrible nouvelle,
qui l'avait frappée au cœur, gisait sans mouvement. Transportée dans sa chambre, sans que
personne pût définir la cause de cet accident, elle
continua de nourrir son imagination de ces nou-

velles qui lui portaient souvent le nom du capitaine face-à-face avec la mort.

L'automne commença sans que Bloquel lui
proposât cet hôtel qu'on lui avait promis pour
l'hiver ; pour le dernier hiver qu'elle désirait passer dans son Paris, qu'elle appelait de tous ses
vœux, comme l'air dont ses poumons épuisés
avaient besoin pour vivre. Sans le lui refuser ou-
vertement, il remit à quelques jours l'accomplissement de son désir, et il partit pour la Normandie, où le marché ruineux qu'il avait signé l'appelait pour prendre des arrangements.

L'automne avançait toujours, Bloquel séjour-
nait loin de Nathalie, pour ses affaires, toutes ses
lettres donnaient le même motif ; une année
s'était écoulée depuis leur mariage. Année triste
et longue ; passée dans la solitude et la méditation, au milieu de cette campagne où la vue de
la jeune femme n'avait que le sombre horizon de
la forge, où son oreille n'entendait que le chant
de l'ouvrier qui mêlait sa voix au bruit des ba-
lanciers des usines. Chaque jour avait pour elle
la même monotonie, chaque nuit lui rapportait le
même rêve ; aussi, ses facultés physiques cédant
au mal, elle s'éteignait lentement, semblable à ces
fleurs que l'hiver fait mourir.

Cependant il y avait près d'elle un homme qui
avait compris la douleur muette de cette femme,

quand son mari, qui la voyait chaque jour, ne soupçonnait même point la cause journalière de ses pensées et de ses impressions. Walpole en contact journalier avec madame Bloquel, suivait toutes les phases de sa tristesse, mais la froide dignité dont elle ne s'était jamais départie, avait toujours arrêté sur ses lèvres l'aveu de l'amour qu'elle lui avait inspiré, et sans lequel désormais il ne pouvait plus vivre, il s'était pris, lui aussi, à la puissance attractive qui avait fasciné de Mirmont, et que le maître de forges, au contraire, n'avait jamais ressentie.

La vie du régisseur avait été jusque-là, sinon précaire, mais véritablement enchaînée à celle de l'homme auquel il devait tant. Il savait que Nathalie ne l'aimait pas, ne l'aimerait peut-être jamais, et cependant, en réfléchissant que dans cette solitude elle devait reporter son affection sur quelqu'un, il se demandait pourquoi ce ne serait pas sur lui.

Les obstacles et les difficultés grandissent l'amour, qui, pour arriver à ses fins, invente des dévouements ou des crimes, et l'ambitieux Walpole écrasé par le respect que lui inspirait cette femme, prit ses mesures pour préparer à temps l'horrible machination qui devait la lui faire posséder avec sa fortune et celle de son mari.

Athanase eût recherché cet amour par toute la

délicatesse du cœur, par toute les sublimités de l'abnégation de la vie même, parce que sa nature généreuse vivait de ces nobles instincts ; Walpole au contraire, suivait la voie opposée que lui dictait son caractère rampant, égoïste et cupide. Ses prévenances qui n'étaient cependant que de la politesse, avaient paru faire plaisir à Nathalie, et elle l'avait remercié plus affectueusement que par le passé, depuis le départ de son mari surtout ; ce fut le premier motif dont il profita pour perdre celui-ci dans son esprit. Jour par jour, à l'aide de réticences en parlant des affaires de la forge, ou en dissimulant la correspondance qui lui était adressée pour être remise à madame Bloquel, il parvint à mettre le doute dans son esprit, en paraissant la plaindre.

Une occasion favorable vint encore à son aide pendant l'absence de son maître ; la maison Belgrand et Compagnie le faisait assigner en dommages-intérêts pour la non exécution d'un traité passé avec elle ; le régisseur pouvait laisser ignorer cette fâcheuse circonstance à sa maîtresse, car dans son état de santé, et après un si court espace de mariage, elle devait lui porter un coup terrible, mais cette nouvelle pouvait le servir et il la lui fit directement parvenir.

Nathalie était assise seule dans son salon, et parcourait des yeux une carte d'Afrique, en peu-

sant à Athanase ; un journal ouvert près d'elle
analysait le travail que l'aide-de-camp venait de
finir, et elle se rapprochait de lui par la pensée,
quand on vint annoncer un étranger qu'elle refusa
de recevoir.

L'étranger avait ses instructions, et il insista,
en déclinant son nom et ses qualités ; c'était maître Cauret, huissier à St-Amand, porteur d'une
assignation à remettre à monsieur Bloquel, ou à
la personne de son épouse ainsi déclarée, ou
etc., etc.....

— Faites entrer, dit la jeune femme qui venait
d'entendre la psalmodie nazillarde de l'officier
ministériel.

— Que veut monsieur ? ajouta-t-elle, en attendant avec anxiété qu'il eut fini son grotesque salut pour parler.

— Vous signifier cette petite sommation, reprit l'huissier, parlant à votre personne, en l'absence de monsieur votre mari ; et il lui remit le
griffonnage timbré sur lequel il écrivit la *par-
lance*, pour nous servir de son argot.

— Que veut dire, reprit Nathalie atterrée, et gar-
dant un instant le silence, sans trouver de réponse
à faire ? Monsieur Bloquel est absent, et à son retour, si monsieur voulait avoir l'obligeance d'attendre, il pourrait se présenter pour avoir une so-
lution que je ne puis lui donner.

— Ecrivez à la maison Belgrand, répondit l'huissier, je ne puis avoir cette complaisance. Et il se retirait gauchement, en traînant les pieds sur le parquet, dans la crainte, sans doute, de prêter à rire à ses dépens, s'il tombait, quand madame Bloquel le pria de s'asseoir, pour attendre le régisseur qui lui avait ménagé cette visite.

Ses yeux se portèrent rapidement sur ceux de cet homme que l'on eut fait chasser de sa présence à l'hôtel de Bussy, et qu'elle devait recevoir et entendre depuis qu'elle était descendue dans un autre monde, mais ce fut en vain : elle ne put débrouiller aucune réponse sur ce visage rouge et mat par écailles, et au nez bourgeonné ; car il était toujours le même en présence des clients qui tombaient dans ses griffes. Maître Cauret, pour compléter la description du personnage, était le type du vieil huissier de province, ceux de nos jours sont de la fashion près de lui ; sa taille était haute, son regard louche donnait à son visage, couvert d'épais favoris rouges comme ses cheveux, un air fauve qui s'accordait avec son bizarre accoutrement. Il portait une casquette de veau marin à double visière, et des bottines en cuir, rougies par l'usage et couvertes de boue depuis une génération ; une rédingotte crasseuse complétait son accoutrement, et sa main tenait un gourdin à courroie, arme de précaution, et

sans doute nécessaire, pour lui faire imposer le
respect à certains clients qu'il visitait.

Walpole le congédia en lui disant qu'ils étaient
en arrangement avec la maison Bellegrand, et s'ex-
cusa près de Nathalie de n'avoir point connu cette
visite, insignifiante du reste, pour la lui épar-
gner.

— Monsieur, lui dit-elle, quand l'huissier eut
fermé la porte, dites-moi, je vous en supplie, ce
que veut dire cette poursuite devant les tribunaux
ou ce que sont ces arrangements..... et dans sa
pensée qui se reporta aux demi-confidences qui
lui avaient été faites par le régisseur, elle se demanda s'il ne lui cacherait point la vérité.

— Rien, Madame; et son geste voulait dire
qu'elle le saurait trop tôt.

— Cependant j'ai entendu dommages-intérêts,
et je voudrais savoir... Ne craignez rien Monsieur Walpole, parlez-moi franchement, je le demande à un ami, depuis longtemps vous méritez
ce titre.

Sa tête se pencha sur sa poitrine, elle avait
honte de ce qu'elle venait de dire, quand elle surprit sur son visage les yeux du commis de son
mari, qui la dévorait du regard ; Walpole semblait puiser dans cette contemplation la force de
lui déclarer sa passion.

— Eh bien, lui dit-elle?

— Monsieur Bloquel a consenti une livraison
mensuelle de fers à laquelle je me suis opposée de
toutes mes forces; nous ne pouvons remplir les
conditions que nous avions acceptées et la maison réclame les dommages-intérêts fixés entre les
parties sur notre marché, avant d'entrer en procès.

— Est-ce une perte considérable, reprit la
jeune femme, en relisant sur l'assignation les diverses quantités et qualités de fer que le régisseur
venait de repasser devant elle?

— Cette maison fera sa fortune en vous rui-
nant à moitié, reprit Walpole, mais le mal n'est
pas irréparable; il nous est impossible de tenir les
conditions que votre mari a signées, la faute, vous
le savez, en est à lui, à lui seul; mais je ferai tout
ce qui sera en mon pouvoir pour vous éviter une
faillite, et vous conserver toutes vos propriétés,
mais... Et il se leva pour sortir

— Continuez, lui dit-elle en se levant à son
tour.

— L'industrie, pour une maison comme la
maison Bloquel, c'est un jeu, c'est l'enfer; cette
affaire sera pour vous un coup dont il faut vous
consoler, car vos capitaux, Madame, y seront en-
gloutis; mais ces livraisons finiront, et le commerce vous rendra le lendemain ce que vous avez
pu croire perdu la veille.

Pour la première fois Nathalie était devenue madame Bloquel ; en montant dans son appartement, elle emportait le double du marché avec la maison Belgrand et compagnie, pour essayer de s'expliquer où en était son mari. Ce fut en vain, qu'elle relut vingt fois ces formules, qu'elle ne comprenait que par les sommes fixées en dédit de la partie qui ne remplirait point les conditions signées ; mais dans son idée la perte devait être très-considérable, si la main d'œuvre entière devait, ainsi que le lui avait dit le régisseur, être supportée par eux. Cependant, elle était si bonne qu'elle n'eut point la pensée que Bloquel évitait une faillite en la prenant pour femme, et elle attribua sa ruine à ces crises de commerce qui abaisse ce qu'il a élevé, pour élever dans un nouveau caprice, l'homme qui n'était rien dans l'échelle des spéculations.

IV.

Ruinée. . . . . ce mot murmura longtemps à son oreille, et pour que personne de sa famille ne vint lui offrir de consolations, elle prit la résolution de tout laisser arriver sans en avertir la comtesse de Bussy. Rappelant alors à sa mémoire les souvenirs dont son père avait bercé son enfance, elle se demandait, en se maudissant elle-même, comment elle avait pu se jeter inconsidérément dans les bras d'un marchand, elle qui devait être née pour être la femme d'un soldat.

Cependant les lettres de Mathilde se succédaient rapidement, et dans chacune d'elles, Nathalie relisait avidement tout ce qui avait rapport à l'officier d'état-major, dont la jeune comtesse lui parlait toujours un peu, pour diminuer l'amertume de ses chagrins. Les réponses de madame Bloquel contrastaient singulièrement avec le style affectueux de sa cousine; écrites sous l'impression d'un chagrin croissant chaque jour, elles portaient le cachet du désespoir, aussi Mathilde qui

depuis longtemps avait deviné ce mal rongeur
qui tue aussi sûrement que le poison, et qui jusqu'alors n'avait osé le communiquer à personne,
fit enfin cette confidence à sa belle-mère.

Madame de Bussy apprit donc avec effroi que
non-seulement sa pupille n'aimait point le mari
qu'elle lui avait choisi, mais qu'il y avait encore
dans son cœur un autre motif caché qu'elle ne
connaissait pas. Peut-être, et ce fut là sa première pensée, était-ce que son mari la rendait malheureuse, loin de sa présence; ou bien, n'était-ce
point plutôt un amour caché à tous les yeux, et
au culte duquel la malheureuse jeune femme se livrait en silence, et sans être coupable autrement
que par le cœur.

Plusieurs fois la vieille comtesse lui avait mani-
festé le désir de l'avoir l'hiver près d'elle, à Paris;
depuis cette confidence, et quand elle sut que sa
pupille vivait à Presles dans le plus profond isolement, elle devint plus pressante; elle voulait essayer d'étourdir son chagrin au milieu du fracas
du monde.

Depuis une année de mariage, Nathalie n'était
venue en effet qu'une seule fois passer huit jours
à l'hôtel de la rue de Lille; sa mélancolie subite y
avait fait une impression pénible sur tous ceux
qui l'avaient connue; puis elle était repartie froide
et sombre, en laissant un commencement de re-

mords dans l'âme de sa tutrice qu'elle embrassa. Madame de Bussy se souvint d'une larme brûlante qui tomba alors sur sa main, au moment où sa fille d'adoption lui disait en la quittant et sans qu'elle le lui demandât :

— Je suis heureuse, mon mari est un honnête homme qui m'aime beaucoup.

La correspondance continuait toujours plus pressante, et les dernières réponses de madame Bloquel, réponses empreintes d'un cachet de résignation et de mysticité de plus en plus profond, montraient évidemment qu'elle désirait rester à la forge, éloignée des joies qui lui faisaient mal ; elle avait même, en secret, formé le projet de ne plus reparaître dans aucun monde, où le mot de banqueroute pouvait venir l'atteindre, quand son mari rentra de la Normandie.

Le maître de forges avait vendu dans ce pays les propriétés que son père y avait possédées pour se débarrasser des livraisons mensuelles qu'il devait faire ; tout était heureusement terminé avec la maison Belgrand et compagnie, et les produits de fer laissés pour compte avaient été acceptés au rabais pour éviter un procès avec son commettant ; il allait donc recommencer d'autres opéations qui lui seraient sans doute plus prospères avec le peu de capitaux qui lui restaient de la dot de sa femme, quand Nathalie lut sur son visage l'inquiétude qui le dévorait.

La fabrication n'avait point répondu à son attente, ses machines, mues par l'ancien système, étaient évidemment en arrière sur les nouveaux moteurs. Les mécaniciens l'avaient trompé peut-être à l'instigation de quelque jaloux, car aujourd'hui l'industrie est un champ de bataille sur lequel il est resté depuis vingt ans d'innombrables victimes, victimes appartenant à toutes les castes, mais principalement à celles qui doivent vivre du labeur quotidien, et Bloquel se rejeta avec plus d'activité que jamais dans ses ateliers, où il se multipliait pour réussir.

Cependant, sa femme ne quittait plus sa chambre, ou une fièvre lente la consumait lentement, cet état alarmant lui apparut tout-à-coup, en se rappelant ce qu'elle était avant son départ, et, dévoré d'inquiétudes, il essaya de s'expliquer d'où pouvait venir ce changement subit.

Depuis son retour, Nathalie, quoique beaucoup plus malade, s'était rapprochée davantage de son époux, et semblait s'occuper avec intérêt des péripéties de son commerce ; elle avait appris de sa bouche même tout ce qui lui était arrivé, et elle croyait à la sincérité de son aveu, qui confirmait celui de son régisseur.

— Nathalie, lui dit-il un jour, qu'appuyée sur son bras, elle se promenait au jardin, quand vous serez un peu mieux, nous irons à l'hôtel que je vous destine ; vos habitudes vous ont fait un besoin de l'hiver passé à Paris, je suis en mesure de vous tenir ma parole, et je désire vous installer moi-même près de madame de Bussy. Toutes mes affaires, vous le savez, sont heureusement terminées, je vous laisse la liberté de vivre de votre ancienne vie près de votre famille, où j'irai vous voir le plus souvent possible, ce sera pour moi une bien douce consolation, si vous pouvez vous y rétablir.

— Merci, Monsieur, répondit lentement la jeune femme, qui se soutenait à peine, et que les ouvriers regardaient avec compassion, ma place est près de vous, et d'ailleurs l'air que je respire ici convient mieux à ma poitrine. Encore quelques jours de convalescence, et nous verrons...

Elle voulait dire : Je n'aurai plus besoin de rien que de la tombe ; et cependant, dans sa pensée, elle désirait mourir près de ses parents, dans la demeure où elle avait grandi sous les yeux d'Athanase.

Son cœur débordait, mais le maître de forges ne sentit point qu'en se prêtant à la poésie de cette femme pareille à la sensitive, il allait obtenir son amour, et la sauver en se l'attachant ; il lui répliqua sur le ton d'un marchand qui veut satisfaire ses caprices à prix d'argent :

Les affaires vont maintenant au-delà de mes désirs, lui dit-il, en s'asseyant près d'elle sur un banc, vous m'affligeriez vivement, Nathalie, en n'acceptant point une place dans un monde dont je suis forcé de vivre séparé. Dans quelques années, je serai tout à vous, mais maintenant encore ma présence est nécessaire ici, mes actions sur les hauts fourneaux promettent, et les capitaux restant de votre dot nous produiront......

Elle retira sa main appuyée sur celle de son mari, et jeta un long regard de mélancolie sur cette usine qui se déroulait devant elle, noire et enfumée.

— Je ne vous demande point ces détails, Monsieur, et vous devez être convaincu, je l'espère, que je n'ai jamais douté de vous un seul instant. Je vous remercie de votre prévenance, et puisqu'il le faut, j'accepte pour vous plaire, mais à la condition que le plus souvent possible vous serez près de moi. Vous devez connaître le monde et supposer à l'avance les conjectures blessantes qu'il pourrait former sur une femme seule au milieu de ses assemblées.

Bloquel heureux, l'embrassa sur le front, au moment où Walpole venait les rejoindre; ce baiser entra dans son âme pour s'y graver profondément. Il y voyait une vengeance à exercer contre l'un et l'autre; contre son maître, qui pouvait peut-être encore se faire aimer de la jeune femme et contre Nathalie, qu'il aimait de l'amour d'un

démon, parce qu'elle ne détestait point assez son
mari, et son génie infernal lui dicta ses projets.
Puis, réfléchissant à tout ce qu'il avait mis en
œuvre pour la circonvenir, il vit bien qu'elle paraissait toujours lui tenir compte de ses complai-
sances, mais qu'elle le faisait avec le sentiment
d'estime que l'on a pour un serviteur fidèle.
Alors, il n'avait pas fait un seul pas dans la voie
qu'il s'était tracée, il ne trouvait même pas chez
cette femme de l'indifférence, car il était à ses
yeux moins que les autres hommes, pour qui elle
eut pu laisser lire ce sentiment; les autres hommes
étaient libres, et lui, il était son serviteur aux
gages de son mari. La rage dans le cœur, écrasé
par sa situation dépendante, il s'informait cependant d'elle tous les jours, et s'ingéniait à chercher,
pour les lui procurer, mille petites distractions,
qui pouvaient être agréables à la malade.

Enfin dans un de ces moments où l'ambition
et l'amour lui représentant la folie de son espoir,
il repassait dans sa mémoire les moyens qui pouvaient lui amener sa possession, moyens précaires
et peu sûres ; une idée subite fit perler deux
gouttes de sueur froide à son front, et il se jeta
précipitemment sur la porte de sa caisse, qu'il
ferma à double tour.

Il ouvrit alors le double fond d'un tiroir et prit
avec un rire strident un poison qu'il s'était pro-

curé, puis saisissant la plume, il s'assura, sur deux blancs-seings que lui avait confiés son maître, une part énorme de bénéfices dans les entreprises, et un apport prétendu de capitaux dans leur exploitation commune de la forge de Presles.

Le soir même de ce faux, et peu de temps après le repas, une fièvre violente saisit Bloquel, et son régisseur, qu'il considérait comme son ami, s'établit au chevet du malade, qui fut bientôt hors de danger, grâce à sa robuste constitution. Mais l'inquiétude de la jeune femme, que le misérable Walpole faisait le semblant de partager, et ses veilles la jetèrent, à son tour, dans un état de maladie moins grave que celle de son mari, mais d'un caractère beaucoup plus alarmant.

Ce n'était point une de ces affections violentes qui tuent comme un poison, c'était une langueur qui chaque jour faisant des progrès lents la minait sourdement; et cependant elle continuait de sourire, en assurant qu'elle n'était point malade, en refusant les secours que l'on voulait aller chercher dans la médecine.

Le maître de forges avait consulté plusieurs docteurs en renom qui, sur les symptômes qu'il leur expliquait, voyaient une affection pulmonaire, mais chacun s'avouait vaincu, dès qu'il analysait, dans une première consultation, la

constitution de la malade, dont le physique ne
pouvait prêter à une pareille supposition, et le
mal s'aggravait chaque jour, sans que personne
pût conseiller un remède efficace.

La réputation du docteur Piquenot était venue
à M. Bloquel par les ouvriers de ses usines que
ce médecin soignait fort souvent sans rétribution,
entremêlée de différentes versions et d'histoires
de guérisons surnaturelles. Il voulut donc voir cet
homme, auquel des chagrins profonds et une vie
agitée avaient fait chercher le calme et la médio-
crité dans une retraite obscure qu'il s'était fait
construire à Saint-Amand, car c'était, malgré la
répugnance qu'il éprouvait à le consulter, sa dernière planche de salut.

Le docteur, en effet, avait été l'un des plus fer-
vents adeptes du magnétisme, qu'il avait souvent
employé à sa médicamentation, une multitude in-
nombrable d'expériences avaient fait de cette application des deux sciences un système, suivi par
lui seul, et contre lequel tout le monde protes-
tait.

Dans les hautes régions de la science, sa théo-
rie avait été écrasée sous les cris des académies;
dans la bonne compagnie, la confiance qu'on lui
accordait n'allait que jusqu'à la curiosité qu'il ne
voulait jamais satisfaire; sa clientèle enfin était

composée de pauvres et de quelques malades dé-
sespérés. Tel était en substance, l'homme que le
maître de forges venait d'aller chercher lui-même,
pour le conduire près de son épouse.

Au physique, c'était une figure grave et sévère
que l'ambition avait sillonnée de rides profondes,
la fixité de ses yeux, devinait le dernier souffle
de la vie jusque dans ses ressorts les plus cachés;
il annonçait le moment fatal où le moribond confié à ses soins devait cesser de vivre, sans que les
larmes d'une mère au desespoir, ou l'anéantisse-
ment d'une épouse pussent faire impression sur
son âme, dont la trempe de fer demeurait insensible devant les plus cruelles souffrances morales,
qu'il portait lui-même imprimées sur son front.
Des études opiniâtres et persévérentes avaient
rendu son jugement infaillible, car il traitait la
maladie d'après des signes certains qu'il recon-
naissait sur le visage, dont il s'expliquait chaque
expression, pour déterminer les phases d'un traitement avec lequel il savait d'avance échouer ou
réussir.

Souvent, à l'aide de ces signes, il avait fouillé
dans les replis les plus cachés du cœur, pour y
chercher le deshonneur ou le crime, et quelquefois, dans cette exploration, sa vieille expérience
avait deviné, sous l'enveloppe d'un ange, sous le
regard candide d'une jeune femme, un cœur souf-

frant, tué par la vie sociale ou religieuse, un amour comprimé, tué par le monde.

Tel était l'homme dans lequel le mari de Nathalie avait placé son dernier espoir; couchée négligemment sur un sopha, madame Bloquel jeta ses deux grands yeux noirs sur l'inconnu que son mari lui présenta, sans quitter sa posture, et cependant, un éclair de ses yeux la fit tressaillir; elle se sentit en communication de sentiments avec cet étranger qu'elle n'avait jamais vu.

Plus pâle que le lys, la vie de la jeune femme paraissait liée aux fleurs balzamiques qui viciaient l'atmosphère dont elle était entourée; ses persiennes closes, laissaient à peine arriver un demi-jour dans l'appartement gothique qu'elle s'était fait arranger pour elle, comme un tombeau où elle voulait s'enterrer vivante; un feu léger, mais continu, agissait avec violence sur ses poumons, qui s'alimentaient d'un air pesant comme celui d'un jour d'orage. Partout autour d'elle de la musique, des dessins et des fleurs; mais chaque objet était un symbole représentant son amour, tout avait pour elle une signification qui personnifiait l'homme qu'elle avait perdu.

A cette première visite, le savant médecin avait la preuve que cette femme qui s'obstinait à refuser d'être malade, ne quittait jamais ce paradis de mort, où elle se nourrissait d'une idée qui tue, et dont elle faisait son unique méditation. C'était avec ce système apparent de consolation qu'elle allait descendre dans la tombe; et cependant son affection était incurable, c'était une de celles que la médecine ordinaire ne pouvait guérir, c'était, selon lui, une maladie de l'âme, dont il ne pouvait désigner le remède à son mari.

Le docteur se retira lentement, en conseillant à madame Bloquel de passer son hiver à Paris, et il engagea son mari à la jeter peu à peu et graduellement dans le tourbillon du monde, en l'assurant qu'elle y retrouverait les forces qu'elle avait perdues.

— Cette affection, docteur, serait donc le *spleen?* lui dit Bloquel en le reconduisant.

— Spleen, soit, dit le docteur, cette maladie n'a point de nom dans notre langue, mais presque chronique; il faut une grande liberté à cette femme dont le système nerveux est le plus sensible que j'aie observé jusqu'ici.

C'était lui dire : votre femme est une de celles devant lesquelles tous les hommes tomberont en adoration, et si vous êtes jaloux, le remède est impossible et votre femme est morte, car il lui faut une affection qu'elle ne trouve point chez vous, et de la sympathie au lieu de répulsion.

— Mais, fit le marchand, en cherchant dans sa pensée l'explication de cette ordonnance, elle est libre sans contrôle, maîtresse absolue, et...

— Alors, monsieur, continua l'inflexible docteur, en le saluant, dans un mois, votre femme sera sauvée.

VII.

A Paris, comme à la campagne, madame Bloquel poursuivit l'idée mélancolique dont elle se
nourrissait, pour ainsi dire ; et dès que son mari
fut parti pour, Presles elle cessa de communiquer
avec le monde où il l'avait conduite pour suivre
l'ordonnance du docteur, ordonnance qu'il avait
hautement fait connaître, ignorant, dans sa bonhomie, ce que les salons recèlent de venin sous le
nom d'esprit, de haine et de fiel sous les faux
semblants de l'amitié.

Dans certaines réunions, l'épithète de commer-
çante avait été murmurée bien près de Nathalie,
les chuchottements l'avaient mise mal à l'aise au
milieu de ces sociétés dont autrefois elle était
reine, avant l'âge où déjà, par mille avantages
naturels, elle surpassait tout ce qui l'entourait.
Cependant, elle avait acquis la certitude que les
affaires de son mari était en voie florissante de
prospérité, et ne craignait plus qu'à côté du sur-

nom dont on la gratifiait comme titre de mépris,
on vint y ajouter le mot de banqueroute pour la
mortifier davantage.

Bloquel s'illusionnant sur l'attachement qu'il
avait pour son épouse, parcequ'il n'en était point
capable de plus, l'avait entourée de tout le
luxe qu'elle pouvait désirer ; elle tenait donc au
moins le rang fastueux dans lequel la comtesse de
Bussy l'avait fait débuter, et tous les capitaux
dont elle pouvait avoir besoin pour satisfaire ses
fantaisies de convalescente étaient à sa disposi-
tion.

Ainsi que nous venons de le voir, le maître de
forges, avant de partir, avait exposé en public le
singulier remède du docteur Piquenot, dont le
nom était bien connu, et cela parce qu'il ne pouvait se rendre compte de cette consultation ; avec
son caractère franc et son génie de commerçant, il
ne savait pas que dans un certain monde ces demi-
confidences impriment un ridicule ineffaçable à
ceux qu'elles atteignent. En effet, le duc de L...
qui pirouettait au bras de madame de Mirval.
s'était arrêté pour l'entendre, et l'un et l'autre
avaient compris sans supposer qu'il y aurait du
sang de versé, et peut-être des crimes de commis
sur cette étrange confidence.

— Qu'en pensez-vous? avait dit le diplomate
à la femme du capitaine d'état-major, qui n'était

point parti en mission ; et il sourit malicieusement, en attendant la réponse que la coquette
jeune femme ne se pressait pas de faire ; vous
pensez que c'est encore un singulier mari, n'est-
ce pas?

— Sans doute, répondit-elle, en appuyant son
bras sur celui du duc, afin de quitter le cercle où
l'on parlait de la maîtresse de forges, mais je sais
en outre, que le bel Athanase de Mirmont nous
revient aussi dans peu de jours, avec son épaulette
tant désirée, et sa croix gagnée loin de la cour.

— Et vous pensez que sa présence ici peut
influer sur la mélancolique marchande de fer?

— Je pense même mieux que cela, mon cher
duc.

— Seriez-vous douée, par hasard, Madame,
de la lucidité des sujets du docteur?

— Précisément.

— J'écoute alors vos oracles.

— Comment, Monsieur, vous n'avez pas compris l'ordonnance de cet excellent mari ; vous n'a-
vez pas compris que la malade connaissait, sans
nul doute, l'arrivée du glorieux pourfendeur de
bedoins.

— Très-bien, Madame, j'y suis ; et que l'influence de cette présence...

— Peut la guérir, continua malicieusement
madame de Mirval, qui le fixait en clignottant

les yeux. Le docteur possède la connaissance parfaite du cœur des femmes, et son expérience a deviné un premier amour.

— C'est impossible, répartit le duc, en repas-
sant dans sa mémoire la scène désagréable que
l'aide-de-camp avait failli faire éclatter dans son
salon.

— Impossible... Vous êtes indulgent pour
tout le monde, excepté pour moi, lui dit-elle à
voix basse, et cependant, Monsieur, je suis sûre,
moi, qu'ils s'aimaient mutuellement, et que cette
coquette, par son mariage, a acquis une fortune
considérable, en conseillant sans doute au nouveau commandant de poursuivre une route d'ambition dans laquelle il marche à grands pas,
vous le voyez.

— Il est difficile de croire à cette transaction,
fit le duc, en apercevant le capitaine de Mirval
qui venait les rejoindre, la figure bouleversée.

M. de Mirval venait de perdre une somme considérable au jeu, et il apprenait pour contrecoup
plus fâcheux encore, l'avancement rapide de son
camarade parti en mission à sa place, il enleva
donc brusquement sa femme du bras du duc,
qui lui glissa ce mot à l'oreille :

— Votre promotion est assurée pour la fête du
roi.

Walpole, par le départ de la jeune femme,

voyait la victoire échapper de ses mains, et cependant, il continuait toujours à administrer à son maître ses lentes préparations qui, prises à petites doses, finirent cependant par altérer sa santé, et il pouvait même suivre de l'œil les progrès du mal qu'il provoquait.

Bloquel, presque chaque jour, depuis le départ de Nathalie, ressentait, dans les entrailles, un déchirement qu'il ne savait à quoi attribuer, et sans avoir recours au médecin, et les instants de mieux qu'il croyait se procurer par le repos le forçaient à réduire l'activité de sa vie, et à confier à son régisseur une partie de la direction des usines. Il faisait ainsi le premier pas dans la voie que son maître ouvrait lui-même, en le mettant en communication, directe avec ses divers chefs d'ateliers, il ne fallait donc plus que marcher en avant avec prudence et circonspection.

Quoique le commerce se sentit encore de la baisse que les nouvelles machines lui avaient fait ressentir, la maison Bloquel faisait cependant des affaires fructueuses, son achat de matières premières avait été heureux, ses produits étaient vantés, ils avaient obtenu une médaille à l'exposition, et ses débouchés étaient même trop larges pour sa fabrication, dont le cours allait en hausse.

Madame Bloquel pouvait donc puiser à pleines

mains dans la caisse, son mari même l'exigeait,
il pensait, comme tous les marchands, que le luxe
est une enseigne sur laquelle le monde escompte
le crédit, aussi, il lui envoyait toujours, sans
qu'elle demandât jamais.

Elle passait de longues heures, chaque jour, à
l'hôtel de Bussy, et Mathilde essayait de tous les
moyens de persuasion, pour consoler son amie,
dont la demeure déserte n'avait été troublée par
aucun pas étranger, depuis son retour dans la capitale, sans pouvoir réussir. Elle refusait obstiné-
ment d'accompagner sa cousine dans les soirées
brillantes, où le souvenir poignant qui la pour-
suivait sans cesse amenait toujours le regret de la
position que lui eût donnée l'aide-de-camp du
palais; les prévenances de son époux et de sa famille, le luxe dont on l'entourait de plus en plus,
tout disparaissait sous les honneurs et la considération qu'une fortune égale à la sienne n'avait pu
lui donner.

La jalousie suivait pas à pas les démarches de
cette femme, dont les apparences laissaient supposer un mieux sensible, et cependant la présence
d'aucun homme ne venait en aide à qui que ce
fût pour la calomnier, à l'aide de fausses preuves.
Chacun était forcé de garder le silence, et Mme
de Mirval elle-même rougissait et tressaillait con-
vulsivement au bras du duc, qui ne la quittait

plus, quand, de hasard, ses yeux rencontraient ceux de la maîtresse de forges.

Il y avait plus d'un mois que la malade était dans sa famille, et cependant, selon la décision du docteur, elle n'était point encore sauvée, mais son esprit s'était rejeté sur la littérature, et cette distraction détournait sa pensée de son idée fixe.

Elle portait toujours son idole dans son cœur, mais son espoir était anéanti, son deuil était celui de la veuve qui n'attend de consolation qu'au-delà du tombeau, où doit sans doute s'accomplir le mariage des âmes pour l'éternité. C'était donc à peine si elle voulait consentir à quitter ses travaux quelques heures, pour accompagner Mathilde, dont les obsessions continuelles l'avaient enfin décidée à se montrer chez quelques amies, quand Léon vint passer un semestre à Paris. Nathalie fut obligée de prendre part aux quelques jours de fête qui suivirent l'arrivée du chef d'escadron, et un soir enfin, elle reparut à l'opéra pour la première fois depuis son mariage.

A sa vue, une sorte de frémissement courut au milieu des hommes à la mode, qui restèrent un instant en contemplation devant cette belle créature, que la vie ....issa .... bandonner; jamais, en effet, sous .... us simple, ilette, on n'avait admiré de fo .... aussi pures, a ssi sveltes. C'é-

7

lait une de de ces créations que les grands pientres saisissent avidement dans leur imagination pour les imprimer à leur génie. Aussi, un étonnement général rendit un hommage muet à Nathalie, et elle ne s'aperçut point de tous ces yeux, qui à son entrée se tournèrent sur elle.

Un seul homme, peut-être, était demeuré calme, son regard étonné se demandait si c'était bien elle, et son cœur lui avait déjà répondu, quand il salua, par une légère inclination de tête, le commandant de Bussy. La jeune femme aussi venait de le reconnaître, et une impression subite de joie ineffable fit tressaillir sa poitrine ; et cependant une pensée de tristesse la saisit bientôt, quand elle eut parcouru d'un coup d'œil rapide tout le changement qui s'était opéré dans cet homme autrefois si riant, et qui paraissait aujourd'hui brisé par la douleur, plus brisé qu'elle sous la même passion, cachée au plus profond de leurs cœurs.

L'orchestre, pendant ce temps, jetait ses vibrations dans la salle, la musique agissait sur les nerfs de ces deux êtres en communication par la pensée, en contact, pour ainsi dire, par le regard. Madame Bloquel écarta toute pensée de son passé, naguère encore sans espérance dans l'avenir, et ses lèvres murmuraient déjà tout bas : amitié,

quand son cœur débordait d'amour, quand ses
bras semblaient déjà s'ouvrir pour presser un être si
cher, que la vie avait aussi cruellement éprouvé.

Athanase vêtu de noir, portait sur son visage
l'empreinte d'une longue souffrance morale et
physique; sa figure bronzée par le soleil d'A-
frique qui, moins encore que la passion, y avait
gravé ses rides, paraissait grave sous ses longues
moustaches noires qui décelaient autant le soldat
que le ruban d'honneur qui se montrait à sa bou-
tonnière. Il y avait quelque chose de beau dans
l'expression de ses traits, que l'âge avait rendus
mâles et fiers, comme ceux de ces physionomies
exceptionnelles que l'on trouvait sous l'Empire,
au milieu des camps. L'officier avait reçu le bap-
tême de feu et de sang de la guerre, et là, au
milieu de ses compagnons, il n'avait pu vaincre
ni effacer le souvenir de son premier amour; il
rentrait en France avec la ferme résolution de ne
point troubler le repos de cette femme, dont il lut
bientôt toute la tristesse; puis, encore une fois,
leurs âmes échangèrent une pensée de sympathie,
que tous deux ils comprenaient sans se l'avouer
du regard devant cette foule.

Les convenances voulaient que M. de Mirmont
se rapprochât du comte de Bussy, son ami, et
pendant un des entr'actes, il entrait dans sa loge,
quand les yeux du duc de L... et de Mme de

Mirval se tournèrent sur Nathalie, pendant que ceux de son mari qui les avaient accompagnés, suivaient avec une pensée de haine la démarche de celui dont il devait avoir les épaulettes.

— Le remède produira son effet, dit la maîtresse du diplomate, voyez, elle est déjà bien changée.

— La mission n'a pas empêché notre voyage à Bade, lui dit le duc à demi-voix, et en souriant.

Ce soir là, pour la première fois depuis son mariage, Nathalie rentra avec une idée de bonheur, et Mathilde la vit sourire; huit jours on la vit à la même place, dans la salle de la rue Lepeltier, et tout ce temps, Athanase fut fidèle au rendez-vous tacite qu'ils semblaient s'être donné. Elle n'avait point encore retrouvé sa première insouciance, et cependant elle devenait sensiblement plus gaie de jour en jour, aussi, elle fut obligée par sa famille de retourner dans le monde où elle étala encore les trésors de son esprit, et les riches parures qui rehaussaient sa beauté. La vie, semblable à ces plantes desséchées que nourrit et ravive une rosée bienfaisante, reprenait le dessus, grâce à son organisation qui aspirait alors à pleins poumons l'air que respirait lui-même l'homme par qui elle vivait, et le monde suivait toutes les phases de cette convalescence, qui la

rendait de plus en plus belle. Comme elle aussi,
le commandant de Mirmont avait paru dépouil-
ler la froide fixité de son regard, et l'on retrouvait dans sa démarche l'officier de cour, dont
les journées se partageaient toutes entières, entre
le château, l'hôtel de Bussy et les soirées où il paraissait suivre la maîtresse de forges.

L'hiver avançait, et Mathilde s'était toujours
trouvée entre ces deux êtres, dont les cœurs souf-
frants avaient tant de secrets mystères à se dévoiler, tant de pensées muettes qui s'étaient
échangées à s'expliquer, quand un matin l'aide-
de-camp reconduisit Nathalie, dont le bras tremblait avec violence, comme celui sur lequel il se
reposait. C'est que c'était, en effet, une entrevue
solennelle, une lutte horrible dont il fallait
qu'elle sortît victorieuse, un instant de bonheur
qui pouvait la ternir, et dont elle voulait sortir
pure; puis, encore une fois, la vie heureuse que
cette union lui eut promise apparut à son imagination troublée, le bonheur, sans cet homme,
chassa la pensée de Bloquel, qu'elle oublia tout à
fait, quand elle fut assise près de celui qu'elle aimait et qui le savait. Une attraction indéfinissable les faisait vivre l'un pour l'autre, la main de
Nathalie passa dans celle d'Athanase, et tous
deux, sans se regarder baissèrent la tête en silence.

— Oh ! mon Dieu, dit intérieurement la jeune femme, donnez-moi la force, ou faites-moi mourir.

— Le plomb de l'ennemi m'avait donc respecté pour elle, pensa le jeune homme, je ne devais point mourir avant de la sauver.

VIII.

Tous deux gardèrent longtemps le silence... silence solennel, confirmation muette qui expliquait à Nathalie la visite du jeune homme, le jour où éblouie par le mariage qu'on lui proposait sous des apparences que son inexpérience avait embrassées comme le bonheur, elle se jeta faussement dans une vie pour laquelle elle n'était pas née. Dans son âme, elle craignait le reproche qu'Athanase pouvait lui adresser sur la légèreté d'une conduite pour laquelle il ne lui restait point d'excuse; éclairée par l'expérience, elle savait expliquer l'intimité de leur vie passée, elle savait alors le nom de cet attachement de frère à sœur, de ce dévouement à toute épreuve, de sa condescendance à ses caprices; tous ces sentiments étaient les préludes d'un amour qu'elle devait partager plus tard, et auquel elle s'était arrachée violemment. Et cependant dans sa pensée que de Mirmont devait partager, elle se demandait si elle n'avait point été assez punie, quand le soir même, le oui fatal qu'elle prononça éclaira son cœur du premier tressaillement qu'elle ressentit pour un autre homme que celui auquel elle s'était donnée volontairement. Puis encore, quand celui qu'elle aimait se faisait le témoin de son union, protégé par l'ombre de la vieille église du noble faubourg, n'avait-elle pas assez souffert? Ses doigts crispés avaient arraché la fleur de mariée qu'elle laissa tomber comme un souvenir, qu'elle avait revu dans ses mains, à son départ pour l'armée d'Afrique.

Athanase releva la tête, son imagination pendant cet intervalle, avait parcouru le même chemin que Mme Boquel ; son cœur avait deviné toutes les angoisses et les tortures affreuses qui avaient compromis l'existence de cette femme ; douleurs morales qui lui faisaient envisager le tombeau, à peine sur le seuil de l'existence, comme le terme de son infortune, et le premier, il rompit le silence.

— Vous êtes mariée, Madame, dit-il avec une expression de tristesse que la jeune femme expliqua.... Je devrais être votre époux, vous me l'aviez promis.

— Vous savez si j'y fus forcée par un fatal enchaînement de circonstances, répartit Nathalie qui ne chercha point à éluder cette question, que tôt ou tard elle devait aborder avec lui.

Athanase, ajouta-t-elle en retirant sa main de la
sienne, toute trempée d'une sueur fiévreuse, je
vous ai fait bien du mal sans le vouloir, pardonnez-moi... j'ai été assez punie.

— Le pardon... ce serait plutôt vous qui de-
vriez me le donner, reprit-il en se rapprochant
d'elle, car c'était à moi de vous éclairer. Je suis
seul coupable, Nathalie, je savais, moi, qu'on ne
s'arrache pas ainsi violemment à toutes ses illusions pour vivre dans un nouvel atmosphère, j'aurais dû vous le faire comprendre. J'ai été parjure
au serment que j'avais fait. Je n'aurais aussi jamais dû vous revoir, car la déception devait être
trop cruelle pour me laisser muet devant vous, qui
pleuriez depuis si longtemps; Nathalie, pardonnez-moi, si je vous offense, je vous aime plus
que jamais, murmura-t-il bien bas, en la prenant dans ses bras, et avant de mourir je...

— Oh! mon Dieu, exclama-t-elle en soupirant,
tandis que son cœur battait à briser sa frêle enveloppe de chair, vous aussi vous avez voulu
mourir...

Il y eut un moment de contraction nerveuse,
pendant lequel cette femme que toutes ses facultés semblaient abandonner, laissa tomber sa tête
sur la poitrine de l'officier dont les yeux étaient
mouillés de larmes.

Puis toute pensée échappa de son âme, qui se

versait pour ainsi dire dans cette autre âme
qu'elle aimait d'un amour infini, leurs bouches se
touchèrent, leurs baleines se confondirent dans
le même souffle, et deux heures après, quand
l'aide-de-camp sortit après l'avoir serrée dans ses
bras, en lui jurant de la protéger et de vivre pour
elle, elle tomba à genoux avec un remords en
s'écriant :

— Je suis perdue.

C'était un instant triste et solennel que celui
où cette grande et belle créature maudissait tout
haut, dans sa position de suppliante, l'institution
humaine qui l'avait irrévoquablement faite la
chose d'une autre créature, et demandait à Dieu,
dans une fervente prière, de sanctifier ce que les
hommes condamnaient et de délier dans le ciel ce
qu'ils avaient lié sur la terre.

Puis, un abattement profond suivit cette orai-
son prononcée à mots entrecoupés, et quand
la comtesse Mathilde entra, les yeux de Mme Bloquel s'abaissaient du portrait de son père, dont
elle implorait le pardon, et elle se releva calme et
presque consolée, sans apercevoir sa cousine.

La vie se déroulait alors large et belle devant
ses yeux, elle allait donc goûter et comprendre
les joies et les plaisirs du monde, maintenant
qu'il y avait dans son existence quelqu'un de
moitié, pour la suivre pas à pas et les partager

avec elle. Aucun remords ne troublait son affection. Mathilde ne la croyait point coupable, puisqu'elle venait de l'embrasser avec effusion, quand pour la remercier, elle lui rendit avec bonheur cette même marque d'affection, puis, s'arrangeant une nouvelle vie, les deux jeunes femmes se jetèrent dans le tourbillon de la mode, où Nathalie, toujours au bras ou en compagnie de l'aide-de-camp, retrouva bientôt ses forces entières, pour compléter la prédiction du médecin de St-Amand.

Madame Bloquel oublia tout à fait l'affection calme de celui qui faisait pleuvoir l'or chez elle, pour satisfaire ses moindres fantaisies, et toute entière à l'amour dont elle était entourée, elle ne rêvait la félicité que dans les bras d'Athanase, qui ne la quittait presque plus, mais dans le monde où tout se juge sur les apparences vraies ou fausses, diverses chroniques scandaleuses défrayaient les salons, quand un soir, en sortant de la salle de bal d'un ministre, où elle avait été conduite par le comte de Bussy, qui avait confié la comtesse Mathilde à de Mirmont, elle entendit derrière elle la conversation suivante, faite à demi-voix.

— J'avais bien jugé, l'aide-de-camp l'a guérie, radicalement guérie.

— Les prescriptions du docteur sont à suivre,

vous le voyez, Madame, répondit le duc de L....
à Mme de Mirval.

Nathalie marchait au bras d'Athanase, son
bras tremblait sous le sien, ses jambes se déro-
baient sous elle, et elle allait rouler sur le parquet, quand une bouffée d'air frais vint la rappeler à elle-même, au courage dont elle avait besoin.

— Je suis malade, partons, Monsieur, lui dit-
elle, et elle regagna son équipage, pour y attendre
que l'aide de-camp ait annoncé son indisposition
à sa cousine.

A la porte du ministère, deux hommes cau-
saient entr'eux, le mouvement des voitures ne
leur permit pas de voir si celle de Mme Bloquel
était repartie, et il n'aperçurent point davantage
la démarche d'Athanase qui venait de rentrer
avec précipitation dans les salons, pour y chercher Mme de Bussy.

— Quelle est donc cette dame, Monsieur de
Mirval, dit l'un à l'autre?

— Une maîtresse de forges, répondit de Mirval en riant, qui cumule les maîtrises, car elle
est aussi la maîtresse de de Mirmont qui, comme
vous le voyez, la conduit chez elle.

— Sa maîtresse... Ce mot frappa Mme Bloquel au cœur, et elle avait le visage couvert par

ses mains, quand sa cousine vint la rejoindre pour retourner à l'hôtel de Bussy.

Sa nuit fut pénible, et sans sommeil, elle se demandait si elle méritait le mépris du monde, et ne s'avouait point aussi coupable qu'elle avait pu autrefois le croire, pour d'autres femmes, dont on avait parlé devant elle.

Elle réfléchit longtemps sur la barbarie du lien social qui la faisait esclave ; seule, sans famille, elle l'eut brisé sans remords, mais pour ses parents elle devait se soustraire aux regards de ceux qui l'avaient épiée et surprise coupable.

Elle n'avait donc touché au bonheur que pour le regretter toute sa vie, et ce bonheur, le monde pour lequel elle avait été sacrifiée allait encore le lui ravir. Le lendemain, elle partait pour Presles, en laissant ces quelques lignes à l'aide-de-camp :

« Le monde, ami, me nomme tout haut votre
» maîtresse ; j'échappe à ses justes poursuites en
» me retirant à Presles. Pour moi, pour vous,
» pour ma famille, il le faut... Pardonnez-moi
» cette détermination, dont j'aurais dû vous ins-
» truire moi-même, j'ai craint de ne pouvoir ré-
» sister à vos instances qui auraient arrêté mon
» départ. Athanase, je vous quitte aujourd'hui,
» je vous reverrai bientôt pour toujours. Ecrivez-
» moi, j'ai besoin de vos conseils et de vos con-
» solations.

                              » Nathalie. »

Mme Bloquel arriva à la forge fière et capricieuse, sans que l'on pût s'expliquer d'où pouvait venir ce changement moral qui avait agi si
fortement sur ses facultés physiques, où la vie en
effet, semblait déborder avec une surabondance
de force, dont s'étonnaient tous ceux qui, six
mois auparavant, suivaient lentement son agonie.

Presles devint alors un rendez-vous, où le
monde qu'elle avait fréquenté vint mettre mal à
l'aise Bloquel, qui n'était point né pour vivre
avec cette classe, la plus opulente de notre société. Aussi la comparaison que Nathalie s'empressa d'établir entre son mari et monsieur de
Mirmont les lui fit juger l'un et l'autre à leur
juste valeur. Athanase, homme du plus haut ton,
brave jusqu'à l'audace, était l'idéal de la perfec-
tion ; tandis que celui qui était son maître au nom
de la loi, d'une loi stupide et injuste selon elle,
n'était qu'un marchand, une âme vulgaire qui ne
pouvait s'élever jusqu'à la sienne pour la comprendre, et qu'elle écrasait du poids de son esprit
fécond. Alors son intérieur était insupportable,
après le départ des visites, où elle se drapait en
grande dame, dominant Bloquel de toute sa hau-
teur, et chaque jour, elle éprouvait un dégoût
plus sensible pour cet homme, avec lequel elle
était condamnée à vivre.

Quant au maître de forges, sa perspicacité

ne sut point soupçonner le motif de ce changement de caractère qu'il attribuait au retour à
la santé, et devant sa monotonie de conduite
et d'habitudes uniformes, Nathalie qui ne pouvait déjà presque plus supporter sa présence,
se jeta avec force dans une correspondance intime avec Athanase, qui, comme elle, vécut d'i-
déal et de passion. Leurs lettres assez rares dans
le commencement, devinrent beaucoup plus fré-
quentes ; quelques-unes furent interceptées par
Walpole, qui d'habitude, recevait la correspondance, aussi, désormais sûr de cette liaison, il
pensa qu'il était temps d'agir, car il savait que
Mme Bloquel ne pouvait plus vivre à Preslés, loin
de celui qu'elle aimait avec toute la fougue de
son caractère. Le poison que le régisseur distri-
buait par petites doses à son maître avait produit
sur celui-ci un effet terrible, il était devenu à son
tour ce qu'était Nathalie peu de temps auparavant, il était au lit et des vomissements multipliés
faisaient même craindre pour sa vie, quand Mme
Bloquel, en entrant dans sa chambre, trouva à
ses pieds une lettre à son adresse, ainsi con-
çue :

« Madame,

» Je connais le seul secret que vous ayez peut-
» être intérêt à cacher, et cependant, je vous

» écris; vous pardonnerez cette lettre à un homme
» qui n'a plus que le libre arbitre d'agir sous une
» seule impression qui guide toutes ses ac-
» tions.

» Je vous aime avec une violence dont je ne
» suis plus le maître. Mes connaissances dans un
» commerce que j'ai, pour ainsi dire, dirigé seul,
» et que seul aussi je puis maintenir, m'ont mis
» dans la position de pouvoir vous offrir mon
» nom, si vous étiez libre, ce qui peut arriver,
» donnez-moi, je vous en supplie, un peu d'es-
» poir, sans lequel je ne puis vivre.

» Je sais que vous n'aimez point votre mari,
» la mort vous l'enlèvera peut-être bientôt; puis-
» je le remplacer près de vous, pour vous aimer
» comme vous le méritez.

» On vous a sans doute trompée sur l'existence
» précaire que l'on me suppose, car ma fortune
» pourra peut-être contrebalancer celle qui vous
» restera; je puis vous en donner la preuve que
» vous exigerez, en vous éclairant sur votre vé-
» ritable position commerciale que votre mari
» vous cache, et que seul je puis conjurer en vous
» évitant une ruine certaine.

» En attendant votre réponse, que j'ose espé-
» rer favorable, je vous supplie de recevoir.....
» etc., etc, qui ne peut vous aimer plus qu'il ne
» vous aime,

» Walpole. »

Un cynisme aussi révoltant fit une impression pénible sur Mme Bloquel, qui pouvait ne pas aimer son mari, mais qui devait souffrir cruellement, quand celui qu'il avait tiré de la plus profonde misère le calomniait si odieusement.

Froissant la lettre avec colère, elle allait sonner pour faire chasser ignominieusement cet homme, quand une nouvelle réflexion l'arrêta : Elle était coupable, cette lettre le lui disait. Elle était donc alors descendue bien bas, pour qu'un être aussi abject pût jeter les yeux sur elle, et, dans son indignation produite par ces lignes insultantes, qu'elle jeta loin d'elle, elle se voila le visage, pour ne point rougir à ses propres yeux, en se surprenant à ce point où elle était tombée.

Cependant elle ne vit point dans cette démarche la menace d'un crime dont le maître de forges commençait à devenir la victime, et elle ne crut pas d'avantage aux mauvaises affaires que le régisseur accumulait les unes sur les autres, afin de perdre la mémoire de son maître au moment de la mort. A l'aide des faux papiers qu'il possédait, des fausses écritures passées sur ses livres, il plaçait Mme Bloquel dans un état voisin de la misère; c'était le moyen, selon lui, de courber cette femme qu'il lui fallait, à quelque prix que ce fût si elle résistait; dans le cas, au contraire, où la crainte de sa ruine l'eût mise dans ses mains, à

8

sa discrétion, il couvrait par des espèces mises en
lieu de sûreté, les nombreux effets en circulation
qui allaient tomber en échéance.

Mme Bloquel réfléchit profondément à l'affreuse
situation qui lui était faite; ses domestiques possédaient peut-être le secret fatal qui lui avait fait
abandonner Paris, qu'allait-elle devenir? Où aller
non point pour cacher ses remords ou sa honte,
car elle n'avait ni honte ni remords, mais elle
souffrait pour le nom de Bussy, et cependant c'é-
tait sa famille qui était la cause première de tout
ce qui était arrivé. La santé de son mari paraissait se raffermir, en effet, les doses que Walpole
lui administrait journellement avaient cessé depuis
le retour de Nathalie. Une seule fois, peu d'instants avant d'écrire sa lettre, c'est-à-dire la veille,
le régisseur avait trouvé le moyen de jeter du
poison dans un verre préparé pour le maître de
forges, mais la crise, quoique violente, n'avait
point aggravé sa position.

Sa présence alors à Presles était au moins inutile, et elle forma aussitôt le projet de quitter immédiatement ce séjour, où elle respirait un air
pestilentiel au milieu de ces deux hommes, pour
lesquels elle éprouvait de la répulsion et du mépris; l'un, celui dont elle portait le nom, lui était
devenu tellement à charge depuis son retour, que
malgré les prévenances dont il usait toujours envers

elle avec les mêmes expressions, elle ne pouvait plus
pour ainsi dire, supporter sa présence ; son humeur acariâtre et ses fantaisies perpétuelles la
mettaient vingt fois le jour en dissension avec lui ;
l'autre, elle le méprisait trop dans son insolence,
pour ne pas fuir jusqu'à sa présence. Elle écrivit
donc sur le champ à Athanase, auquel elle donnait rendez-vous à Montpellier ; pour faire ensemble un voyage en Italie, elle voulait à tout
jamais briser avec le monde, et vivre libre loin
de sa famille et de son pays.

Ses idées ne se mûrissaient plus comme autrefois, en attendant qu'elle les mit à exécution, il
fallait en finir de cette vie qui lui pesait, et elle
descendit au bureau où son mari réglait ses comp-
tes de fin de mois.

— Monsieur, lui dit-elle brusquement, je pars
immédiatement pour Montpellier, où des affaires
m'appellent, vous pouvez me faire parvenir vos
lettres dans cette ville.

— Des affaires.... repartit son mari étonné du
son de voix saccadé avec lequel elle venait de
prononcer cette phrase, puis-je savoir, Madame,
ce que sont...

— Dans la réponse que je vous ferai parvenir,
je vous expliquerai, fit-elle vivement, à moins cependant, Monsieur, puisque vous me faites l'in-
jure de suspecter ma conduite par une rétiscence

qui me blesse, surtout devant des témoins, que je
ne sois forcée de vous dire que je vais rejoindre
la comtesse de Bussy, qui m'y attend.

Sa pensée, dans ce moment fixe et inébranlable
était bien d'abandonner son mari, pour ne le revoir
jamais, elle voulait fuir avec Athanase qui venait
de donner sa démission.

— Vous êtes libre, ma bonne amie, lui dit le
maître de forges, je serais au désespoir, vous le
savez, de contrarier vos projets, surtout quand
votre tutrice y est de moitié.

—Alors, Monsieur, reprit Mme Bloquel, en
adoucissant sensiblement la voix, je partirai demain.

Walpole entrait dans le vestibule du bureau
au moment où elle sortait la première porte; elle
s'arrêta et tirant de son sein la lettre qu'il lui avait
écrite, sur un geste de main il resta immobile et
tremblant devant elle.

—Monsieur, lui dit la jeune femme à demi-voix,
en déchirant devant lui le papier, voilà ma réponse; mon mari n'aura point cette preuve qui
vous ferait chasser d'ici à l'instant même si je
l'instruisais de votre insolence. Puis, avec une
présence d'esprit admirable, elle rentra dans le
bureau et jeta dans le foyer les fragments de la
lettre qu'elle tenait dans la main. Au frôlement
de sa robe et au pétillement de la flamme, Blo-

quel tourna la tête ; sa femme venait de sortir de nouveau ; mais il avait devant lui son commis, pâle comme un marbre blanc, de grosses gouttes de sueur perlaient à son front.

— Qu'as-tu donc Walpole, lui dit le maître de forges ?

— Je ne sais, répondit son régisseur, en balbutiant, j'éprouve ici un malaise, fit-il en désignant le cœur.

C'est singulier, pensa Bloquel, tout le monde ici est frappé à son tour, il faut une victime.

Il faut que tu meure pour que je me venge de cette femme, pensait de son côté Walpole qui se laissa tomber sur son siége.

Le lendemain, à l'heure du lever matinal des ouvriers, que le chant du coq appelait au travail, Nathalie Veultant qui emportait avec elle toutes ses parures et ses souvenirs, fuyait le toit conjugal pour aller sous un autre ciel que celui de la France, jouir des émotions d'un cœur qui comprenait tout ce que le sien avait de poésie et d'amour.

IX.

Walpole poussé par les plus détestables passions, connaissait le départ de Nathalie, peut-être même en soupçonnait-il le véritable motif; il repassa dans son esprit infernal les antécédents et les suites du crime qu'il allait enfin consommer. Déjà pour tromper l'œil pénétrant de la Justice, il avait enchaîné d'avance toutes les circonstances en sa faveur, afin que le plus petit soupçon ne pût l'atteindre.

Devait-il se venger de cette femme orgueilleuse et fière, en faisant planer sur sa tête la mort de son mari? Ce cas était peut-être le seul qui pouvait la rapprocher davantage de lui. En admettant qu'on ne la condamnât point sans preuves suffisantes, il savait, l'infâme, qu'elle serait à tout jamais rejetée de la société, après que la justice aurait prononcé son accusation, en la jetant devant un tribunal.

En effet, chez nous, en France, devant les masses, il n'y a point de différence entre le soupçon et la culpabilité; la prison, dans laquelle sont cependant entrés tant de martyrs, laisse encore un stigmate, même de nos jours. Alors, pendant la longueur des débats, car notre justice est bien lente, tellement lente, que des innocents sont quelquefois restés un an détenus en prévention, pour recevoir un acquittement, il fallait un homme pour gérer les affaires de la forge, et il savait que ce serait lui qu'on désignerait infailliblement. Il était facile de glisser dans le carton particulier de Bloquel le blanc-seing qu'il avait rempli et signé, et qui le faisait sociétaire dans l'exploitation des usines.

Dans l'hypothèse de son acquittement, la veuve du maître de forges se trouverait donc en rapports d'intérêt avec lui, et comme il pouvait consommer sa ruine, et que sa proposition d'union avec elle, tombée sous le mépris du monde, passerait pour du dévouement à la mémoire de son maître, tout concourait en sa faveur pour la forcer de céder à ses instances. Lui aussi, l'enfant trouvé, l'homme déclassé, esclave, le commis qui avait été toute sa vie la chose d'un autre, voulait devenir maître, et posséder une grande dame qu'il pût abaisser jusqu'à lui; peu lui importait son amour;

Pour la société, avec son admirable organisation, c'eut été un homme habile qui avait su s'élever par son savoir faire, par son génie commercial; et combien de monstres sont ainsi arrivés à occuper une place par le crime, jouissant de la considération publique, et représentant quelquefois leurs concitoyens, comme les plus capables d'imprimer la direction à suivre.

L'instant où Nathalie s'était éloignée chaque fois de la forge avait été celui qui toujours avait atteint son mari, c'était une circonstance qui ne pouvait échapper aux domestiques, aux voisins et aux employés, et ce soupçon devait atteindre Mme Bloquel ; à ce dernier départ qui pouvait être une faute, il fallait agir.

Il roulait dans sa tête coupable tout le plan de cette trame odieuse, assis auprès de son bienfaiteur, car Bloquel l'avait sauvé de la misère, quand sûr de ne point être aperçu, il se dirigea doucement, muni de fausses clés, dans la chambre de Mme Bloquel, pour y placer, à divers endroits, le poison qu'il s'était procuré.

Le soir même, le malheureux maître de forges s'évanouissait après avoir pris une double dose de ce poison.

Il était sept heures du soir, au moment où le mal éclatait avec la plus grande violence ; l'effet de la substance vénéneuse avait été terrible, Walpole qui jouait la douleur, courut lui même chercher la vicomtesse Roger, sur le témoignage de laquelle il espérait ; cette femme en effet qui avait brocanté le mariage de Mlle Veultant, était restée l'amie du maître de forges, mais elle avait voué une haine tellement profonde à la jeune femme qu'elle avait perdue sans le vouloir, qu'elle ne paraissait plus à Presles quand M. Bloquel s'y trouvait.

Elle accourut à la hâte, pour prodiguer ses soins à son ancien protégé, et quand le docteur qui l'attendait sortit avec elle, après avoir analysé d'un coup d'œil les substances que le malade déjectait dans les plus affreuses douleurs, ils échangèrent le mot : « *empoisonnement*. » Bloquel, entre chacune de ses crises, réclamait son épouse avec instance. Trop faible pour pouvoir écrire lui-même, il en chargea la vicomtesse, qui s'acquitta de ce soin avec une barbarie d'expression qu'elle puisait dans son animosité contre la jeune femme.

L'amant et la maîtresse étaient dans les bras l'un de l'autre, oubliant le temps qui fuyait si rapidement pour eux, leurs âmes échangeaient le surplus du bonheur qu'ils ressentaient, et ils arrangeaient entr'eux le projet de la vie future, dans laquelle ils allaient se jeter tous les deux sur une autre patrie, quand on leur remit une lettre, sur laquelle était écrit en gros caractères soulignés :

Extrêmement pressée, à lire de suite.

Forges de Presles, 8 heures du soir.

« Madame,

» L'état désespéré dans lequel votre mari est » tombé immédiatement après votre départ pour » Montpellier, où cette lettre vous trouvera, je » l'espère, n'a pu lui laisser la force, même dans

» un moment de calme, de réclamer lui-même
» votre retour immédiat, pour recevoir vos soins.
» Etablie il y a une heure à son chevet, je m'ac-
» quitte de cette mission douloureuse pour lui
» et pour moi.

» Une mort violente va l'atteindre, malgré
» tous mes efforts, hâtez-vous, si vous voulez ar-
» river à temps pour recueillir son dernier sou-
» pir, que le docteur Piquenot attend à chaque
» seconde.

     » Vicomtesse Roger de Valnoir. »

— Un crime ! murmura Nathalie en chance-
lant.

— Le docteur Piquenot, dit Athanase d'une
voix profondément émue, celui dont l'ordonnance... et il n'acheva point, car sa pensée était
celle-ci : dont l'ordonnance vous a deshonorée
aux yeux de la société, qui attendait qu'un
homme vînt se placer à votre bras. C'est un de
ces êtres dont les noms portent malheur, continua-t-il, après un instant de réflexion, et il
cherchait dans son esprit l'influence que cet
homme pouvait avoir dans l'avenir sur leur destinée.

— Un crime ! murmura sourdement Nathalie,
en roulant sur le parquet... Il m'attend, reprit-
elle en fixant dans le vague ses yeux hagards et
secs, d'où pas une larme ne coula... Des che-

vaux, je pars ; malheureuse que je suis... Et la
sonnette de l'appartement retentit avec violence,
sa main crispée venait d'arracher le cordon de
soie.

— Nathalie, du calme ; continua doucement
M. de Mirmont, en l'attirant à lui.

— Hâtons-nous, exclama-t-elle, en saisissant
son manteau de voyage ; puis regardant fixement
cet homme pour lequel elle avait tout sacrifié, cet
homme qui ne pouvait l'accompagner à Presles ;
vous voyez bien que je suis folle, lui dit-elle, il
faut que je parte seule.... Mais vous, Athanase,
mon ami, allez trouver la comtesse de Bussy,
pour qu'elle vienne à mon aide. Puis, elle se mit
à réfléchir, sans pouvoir coordonner une seule
pensée.

— Un crime ! répétait-elle, atterrée par ce mot,
la vicomtesse Roger de Valnoir, la comtesse de
Bussy, le docteur Piquenot..... tous ceux qui
m'ont perdue..... Athanase, ne voyez point la
comtesse, elle saurait que je vous aime, et que
moi, sa fille d'adoption, je l'ai deshonorée.

Le postillon entrait dans la cour de l'hôtel du
Faisan.

— Fuyons, lui dit l'aide-de-camp en l'attirant
dans ses bras, fuyons, Nathalie, la justice des
hommes frappe toujours l'innocent, soit qu'elle
l'absolve ou le condamne.

— Fuir ! reprit la jeune femme en s'arrachant violemment de ses bras, oh ! ce serait infâme, je dois accomplir ma mission jusqu'au bout ; Atha-nase, je n'attendais point ce conseil de votre loyauté. Il me tend peut-être les bras pour que je l'aide à mourir, et j'ai besoin de son pardon.

— Pauvre femme... vous êtes victime d'un attentat, que le monde accueillera avec joie pour vous écraser.... Crois-moi, quittons la France.

— Jamais ! victime ou non, je me dois à moi-même ce sacrifice, et j'agis selon ma conscience ; je m'abandonne donc à la volonté de Dieu, fit-elle en abaissant la voix, et fixant des yeux la terre. Je t'en supplie, dit-elle avec des larmes dans la voix, laisse-moi partir, car il se meurt, et je puis peut-être le sauver.

Athanase sortit en effet pour presser les do-mestiques, après avoir jeté à la dérobée un regard de compassion sur sa maîtresse qui répétait tout haut, avec un expression indéfinissable de tris-trisse cette phrase de la vicomtesse Roger :

— *Hâtez - vous, si vous voulez arriver à temps pour recueillir son dernier soupir.*

— Promettez-moi, Monsieur, de retourner à Paris, car vos secours et vos conseils me seront sans doute nécessaires.

Puis, après avoir distribué de l'argent aux postillons pour brûler le chemin, elle monta dans sa voiture en lui disant tout bas à l'oreille :

— Mathilde aura une lettre dans deux jours.

— A vous corps et âme, lui dit bien bas Athanase, ne m'oubliez pas.

Puis, il ferma la portière de l'équipage dans lequel elle venait de se jeter vivement en se couvrant le visage.

Immobile sur le seuil de l'hôtel, Athanase la
suivit des yeux jusqu'au détour de la rue des
Arènes, puis, remontant précipitemment dans sa
chambre, le cœur en proie à une émotion terrible, il s'affaissa dans un fauteuil, et pleura,
peut-être pour la première fois dans sa vie de
soldat.

Le régisseur en proie à la plus ardente agitation ne quittait point le lit du malade, le poison n'avait point été assez violent pour lui arracher la vie, mais il avait laissé des traces tellement profondes sur sa victime, que l'on perdait
presque l'espoir de sauver le maître de forges.
Les questions réitérées qu'il adressait au docteur
à chaque visite, lui avaient donné la certitude
qu'il soupçonnait bien un crime ; cette déclara-
tion lui avait été faite aussi par Mme Roger, mais
il n'ignorait point que M. Picquenot, dans la
crainte de se tromper sur de fausses apparences,
traitait son maître pour une affection saturnine,
qui pouvait être le résultat de sa vie passée dans

les ateliers. Craignant alors qu'un instant de mieux ne vint éclairer le docteur, sitôt son départ, il continuait sa préparation dans les tisanes qui lui étaient offertes, pour maintenir des vomisse-ments incessants, quand enfin Mme Bloquel vint se placer elle - même au chevet de son époux.

La douleur de cette femme était alors sincère ; d'un coup d'œil, elle embrassa l'affreuse situation de son mari, dont elle voulait le pardon, aussi malgré ses fatigues, et puisant son dévouement dans le courage qu'inspire le devoir, elle ne quitta point le lit du malade, qui luttait de toutes les forces de son organisation contre la mort qui allait l'atteindre. Au lieu des larmes que tant d'autres femmes eussent répandues, à la place d'un stérile désespoir, elle veillait jour et nuit, soutenant le courage du moribond, à genoux, près de lui ; elle était là sans cesse, sans repos, sans sommeil, en proie, dans le silence de la nuit, aux remords de sa conscience qui venait de s'éveiller terrible ; et par surcroît d'atrocité, sans le soupçonner, elle administrait elle-même les préparations vénéneuse de Valpole. Mais l'heure avait sonné, l'empoisonneur pouvait satisfaire sa vengeance, tout le servait à souhait, les deux victimes étaient là, et l'infortunée Nathalie fit prendre elle-même à son mari la potion fatale qui devait le frapper à coup sûr. Cinq minutes auparavant, et dans un instant de calme, à genoux elle venait d'implorer son pardon ; ce fut le dernier mot que le malheureux devait prononcer sur la terre, car à peine la coupe fatale fut-elle approchée de ses lèvres, que ses yeux entourés d'un cercle plus bleuâtre que de coutume, s'injectèrent de sang, ses membres se raidirent, le crime était consommé.

Le docteur se retira en hochant la tête, ses collègues venus aux forges de Pesles, avaient persisté dans le traitement d'une maladie saturnine, il s'était rangé de leur avis, car il savait que tout remède était inutile, en effet, une somnambule d'une lucidité remarquable, et qu'il consultait souvent, lui avait laissé entrevoir la vérité, sans dévoiler l'âge et le sexe du coupable. D'un coup d'œil scrutateur, il venait d'analyser le front de la veuve du maître de forges, sur lequel il ne lut même pas la plus étroite pensée de ce crime enveloppé d'un mystère atroce, pour lequel il fit le serment tacite de garder le silence.

Mme Bloquel, depuis le jour où le cortége funèbre avait conduit son mari à sa dernière demeure, gardait sa chambre, où quelques amies intimes étaient venues la visiter, sans s'occuper de ce qui s'était passé autour d'elle. Cependant, le monde se perdait en conjectures graves sur cette mort dont les symptômes portaient un caractère si extraordinaire. Mme Roger avait déjà écrit à Paris, on savait que Nathalie était à Montpellier avec une autre personne que sa tutrice, et son retour à Presles passait pour une ruse audacieuse. En effet, on connaissait à cette femme un amant, que son mari avait eu la bonhomie d'annoncer lui-même gauchement, elle avait donc intérêt de se débarrasser de celui qui la gênait, et l'amour, on le sait, est une passion qui ne connaît point d'obstacle. Puis les affaires embarrassées de son mari, les pièces communiquées par le régisseur, l'acte de société de Bloquel, daté d'avant le mariage, la déception qu'elle avait dû éprouver, tout faisait croire que les bruits étaient fondés.

Le duc de L... écoutait ces différentes versions dont retentissaient les salons, quand Mme de Mirval prononça le mot : empoisonnement, c'était l'expression de la lettre de la vicomtesse Roger; aussi, le lendemain, un des grands journaux exprimait ces lignes :

« La mort prématurée de M. Bloquel, l'un de
» nos plus riches manufacturiers, qui vient d'être
» enlevé en peu de jours à sa famille, fait croire
» à la possibilité d'un crime. La justice, si nous
» sommes bien informés, est sur les traces du
» coupable. »

On exhuma le cadavre, et le soir même où la justice venait d'accomplir cette triste mission, le Procureur du Roi venait mettre les scellés aux forges de Presles, en arrêtant Nathalie Veultant, femme Bloquel, comme prévenue d'empoisonnement sur la personne de son mari.

X.

Le monde entier, s'élevait d'une voix unanime pour accuser Nathalie. Les ouvriers des forges surtout s'accordaient à la déclarer coupable de cette mort qui leur faisait perdre leur travail. Dans une autre classe de la société, chacun faisait écho à Mme de Mirval, dont la jalousie avait poussé le diplomate à livrer à la presse le soupçon qu'elle faisait retomber sur une femme dont la beauté la surpassait ; partout enfin, toutes les circonstances commentées et rapprochées tendaient d'une manière presque certaine à prouver sa culpabilité. Le drame lugubre allait donc s'accomplir ainsi que l'avait prévu Walpole, seulement à cette heure, il craignait de perdre l'objet de sa convoitise, et le but de sa vengeance était dépassé.

L'hôtel de Bussy avait aussi repris sa tristesse première, ce n'était cependant plus ce silence religieux qui y régnait quelques années auparavant, alors que l'on voyait sortir deux belles têtes de jeunes filles du vieil équipage de la comtesse, c'était une espèce d'abattement et de morne torpeur, au milieu de laquelle il y avait des plaintes amères, des gémissements et des larmes. Le rideau s'était levé sombre sur cet avenir que Mme de Bussy avait vu si beau pour sa pupille; au bout d'une année de mariage c'était les bancs d'une cour d'assises; et pourtant, dans son âme, elle maudissait la justice des hommes qu'elle anathématisait, car son enfant d'adoption était, sinon pure, du moins innocente du crime dont elle était accusée.

Dans les angoisses du désespoir, elle se reprochait tout ce tissus d'infortunes, qu'elle avait, pour ainsi dire, sans le vouloir, préparé à cette femme, en la jetant inconsidérément à la tête du premier venu; elle voyait alors cette union sous son vrai jour, car elle connaissait les affaires embarrassées du maître de forges, et elle savait qu'une partie de la dot de Nathalie avait été perdue dans ce désastre.

Mathilde, bonne et sensible, pleurait aussi de son côté sur le sort affreux de sa malheureuse amie; elle avait pu lire dans son âme, et depuis bien longtemps, dans le fond du cœur, elle lui avait pardonné son égarement: un homme comme Bloquel était en effet un non-sens pour sa cousine, qui avait pu l'oublier pour un autre, mais elle était sûre qu'elle n'eût jamais consenti à devenir criminelle, en lui donnant la mort qu'on lui reprochait.

La douleur du comte de Bussy et celle surtout
du commandant de Mirmont étaient d'autant
plus cruelles qu'elles étaient plus silencieuses ;
la polémique soulevée dans les journaux, qui
tous s'occupaient de cette malheureuse affaire,
les différentes versions semées partout par la curiosité ou la haine, car chacun ici-bas, a ses ennemis, tout leur faisait courber la tête sous la
honte et la rage.

Cependant, pour toute cette famille, il y avait
derrière cette horrible trame un secret terrible
que chacun essayait à s'expliquer, sans pouvoir
y saisir le passage d'aucune main étrangère.

Le régisseur avait été lié d'une façon tellement intime avec le mari de Nathalie, que dans
les suppositions faites à l'hôtel de la rue de Lille,
on passait toujours sur lui comme s'il n'eut pas
existé; la justice aussi avait passé sans soupçon sur sa feinte douleur. Il était venu déposer
entre les mains du procureur du roi tous les livres
de commerce, dont il avait été chargé, et il était
en effet devenu, comme il l'avait pensé à l'avance,
le gardien naturel que l'on avait choisi pour continuer de veiller sur les forges et de gérer des intérêts de fabrications, dont il avait une part.

Cependant le jour fatal approchait, bientôt la
veuve allait quitter sa prison pour s'asseoir sur le
banc des accusés, déjà, dans un moment terrible,

elle avait été conduite près du cadavre pour la
confrontation légale, elle tomba lourdement sur
le sol, où elle eut dû mourir, puis encore une fois
le monde, et surtout celui des salons, avait fait
entendre son rire féroce, pour applaudir à la barbarie de ceux qui avaient pu tenir une conduite
aussi atroce; quelques paroles de pitié étaient
bien venues jusqu'à elle, mais il y avait toujours,
derrière ces rares instants, des grincements de ver-
roux, des visites de gendarmes et de geôliers, il
y avait la pensée de l'échafaud. L'âme forte de
son innoncence, elle se releva de son affaisse-
ment moral, et à dix pas du lieu où venait de se
faire l'autopsie, méprisant l'atrocité de conduite
de ceux qui épiaient tour à tour ses mouvements, pour y saisir une preuve de culpabilité,
elle en appela à Dieu, et rentra dans son cachot
anéantie, brisée, mais frappée d'insensibilité.

Cependant le docteur Piquenot, dont la science
si vantée ne pouvait laisser aucun doute en pareille matière, sans l'éclaircir, avait répondu né-
gativement à l'interrogation qui lui avait été faite,
après avoir analysé les substances trouvées dans le
cadavre ; le seul donc des trois médecins appelés
dans la chapelle du cimetière de Presles pour la funèbre opération, il soutenait qu'il n'y avait point
d'empoisonnement; puis il avait ajouté en jetant les
yeux sur Mme Bloquel, présente dans ce lieu de
mort :

— Cette femme va devenir folle ou vous allez la tuer. Faites-là sortir d'ici.

Il y avait donc un point de science à éclaircir, mais la présomption s'établissait par la correspondance saisie dans la chambre de Nathalie. L'instruction rapprochait ensuite les attaques subites du maître de forges, et toutes avaient eu lieu au moment où Mme Bloquel quittait Presles ; puis, suivant les préliminaires du mal, le magistrat instructeur trouvait la main de la coupable, il saisissait le poison dans la chambre même de la veuve, près de la dernière lettre de M. de Mirmont, qui lui recommandait de fuir. Enfin, dans sa table de toilette, on avait découvert diverses enveloppes, qui avaient dû contenir les substances que l'on analysait dans le cadavre, et les divers témoignages des serviteurs de la maison appuyaient tous ces faits.

Un autre ordre de témoignage établissait la prévention du crime par son côté moral, et on démontrait la prévention. On se rappelait l'arrivée de Nathalie, aux forges, sa simplicité et sa mélancolie, on la suivait alors à Paris, au milieu des fêtes, et son retour au domicile conjugal, où elle rentrait fière et capricieuse, entourée d'un luxe inouï ; tout fournissait une preuve terrible, qui allait faire condamner cette femme.

Le docteur, avant de se retirer, jeta encore un coup d'œil sur la jeune veuve, et rencontra son regard limpide ; sa dignité calme effaçait celle du tribunal qui l'environnait pour recevoir ses déclarations ; alors sa vieille expérience défaillit devant ce visage, sur lequel on ne pouvait lire aucune arrière pensée. Il n'y reconnut point ces traces terribles du déshonneur, que tant de fois il avait surpris chez les grands malades qu'il avait traités, il ne vit point d'avantage , dans les signes qu'il savait analyser infailliblement, le crime, résultat de la passion qu'il lisait cependant toute entière, calme et raisonnée.

Partout, chez ces malades ou ces coupables, il existe une pensée de suicide, et cette pensée, rien ne démontrait sa présence dans le cerveau de la prévenue. Pour lui, elle était innocente, il en avait déjà la conviction par la révélation d'une de ses malades, sujet lucide, que depuis vingt années il traitait par sa méthode magnétique, et jamais cette somnambule, que l'on consultait souvent, ne s'était trompée dans les déclarations qu'elle avait faites, mais dans des cas semblables à celui-ci, elle avait des réticences, et refusait de dire complètement ce qu'elle entendait, ce qu'elle savait. Malgré sa ferme volonté, elle avait toujours persisté à garder le silence, sans vouloir en dire le motif ; et cependant, elle avait dit :

— Je vois, je connais la main du coupable.

Le docteur sortit gravement, comme le jour,
où pour la première fois il avait donné sa première
consultation à cette femme. Il doutait alors des
théories qu'il avait édifiées sur l'expérience de
vingt années, et pourtant, il était résolu de répondre en conscience : non elle n'est point coupable, si on lui démontrait que son mari était
mort par un crime, pour lui cette malheureuse
femme était une martyre et une victime.

Ce coup inattendu avait plongé M. de Mirmont
dans les plus cruelles angoisses, mais son âme
énergique se jeta avec force dans la lutte pour
sauver cette femme qu'il avait perdue, et dont il
se fit le défenseur au milieu du monde qui la calomniait et le nommait lui hautement son complice, quand la loi l'absolvait. Pendant longtemps
ses journées furent épouventables, il se livrait au-
dedans de lui-même un combat terrible devant
les allusions qui venaient le frapper en plein visage ; mais toujours son courage se relevait fier en
présence de ces êtres vils et méprisables qui touchent tout de leur langue venimeuse, et dans les
mains desquels il ne pouvait mettre une épée
qu'ils eussent refusée, car cette race batarde est
toujours lâche et sans cœur ; mais ce qui le bles-
sait le plus profondément, alors que la menace
prête à sortir de sa bouche, il la refoulait dans
sa poitrine, c'était les exclamations infamantes

des femmes du monde, dont il connaissait la conduite, c'était le jugement odieux qu'elles portaient sur une femme qu'il ne pouvait venger, en
les écrasant du pied.

Depuis le jour fatal où le mandat d'arrêt
avait été décerné contre Nathalie, elle était tenue
au secret le plus rigoureux dans sa prison ; Athanase avait entassé démarche sur démarche, il
avait recueilli avec anxiété la pensée générale de
la société que cette affaire tenait attentive ; en
effet, ce crime commis dans la plus haute sphère,
était une espèce de défi jeté à la justice, qui
l'acceptait pour en tirer la vengeance légale dont
elle était armée. Tout le monde, revenu de la première stupeur, amnistiait la jeune veuve, à
l'exception de quelques femmes légères qui la
croyaient criminelle, parce que dans leur conscience, et avec un mari accommodant, elles supposaient ce forfait possible. L'aide-de-camp,
appuyé sur l'assentiment général, soutenait hautement son innocence, et dès que le secret fut
levé, il s'empressa, chaque jour, de lui faire
parvenir de nombreux témoignage d'intérêt qui
devaient un peu diminuer l'amertume de son cachot ; puis, dans sa sollicitude, il avait demandé
au barreau de France l'élite de ses avocats qu'il
avait intéressés à cette cause par ses instances ;
enfin il s'était replié dans une correspondance

active avec l'infortunée Nathalie, qu'il consolait par tous les moyens que lui suggérait l'affection.

Les débats approchaient, Mme Bloquel, très forte en apparence, se raidissait de tout son pouvoir contre le sourd chagrin qui la minait, et malgré elle, en jetant par la pensée un coup d'œil sur cette société qu'elle occupait toute entière, et qui devait lui vouer un mépris si profond, elle était vaincue par le désespoir. Alors une affreuse insomnie s'empara de ses nuits, ses facultés s'affaissèrent sous l'engourdissement de son âme, et quand elle eut assez émoussé son imagination dans les plis et replis tortueux d'une pensée unique, pensée fatale qui l'occupait sans cesse, et dont le terme fatal était l'échafaud, une fièvre chaude accompagnée d'un délire violent la frappa aussi vivement qu'un coup de foudre, et fit désespérer de prolonger son existence.

Le doute scientifique qui s'élevait alors occupait le monde savant, l'excentricité du docteur Piquenot devait succomber; sans doute, car il était dans le camp de la minorité, et l'on attachait un grain de fol.e à son savoir, par cela même qu'on le disait vaste et profond, mais on vit bientôt se placer près de lui le plus grand chimiste de nos temps modernes, et cet homme qui n'était d'aucune école, d'aucune académie, qui n'avait voulu accepter ni pensions ni insignes, mais qui cependant, avait découvert et mis en pratique la médecine du pauvre, vint se placer près de lui, pour l'aider à soutenir sa thèse.

Cette lutte avait fait luir un rayon d'espoir aux yeux d'Athanase, et il accourut pour porter lui-même ces nouvelles à la malheureuse veuve, qu'il trouva dans les convulsions du délire, délire continu, que rien ne pouvait faire cesser, car rien ne pouvoit arriver à ce cœur brisé si jeune sous une accusation capitale. Il resta longtemps les yeux fixés sur cette victime pâle et crispée sous les douleurs aiguës de la céphalalgie qui la tordaient sur son lit, et dans sa lugubre contemplation, car pour lui, cette visite était encore un bonheur inespéré qu'on lui avait permis, sa pensée errante ne s'arrêta à aucune des idées cruelles que jetaient dans son âme les épais barreaux de la chambre où l'on gardait si étroitement une femme mourante.

La nuit arrivait, le porte clefs plaçait les sentinelles, précaution inutile, car elle ne songeait point à fuir. Athanase sortit en compagnie du médecin de la prison. Huit jours, il resta attaché à son chevet, et plus d'une fois il eut jeté son âme dans l'éternité, avec cette autre âme qui peut-être allait bientôt quitter sans suicide son enveloppe terrestre, si, certain de son innocence, le devoir ne lui eut prescrit de provoquer, par toutes les voies, son retour à la vie, pour être réhabilitée aux yeux de ceux qui la calomniaient. Enfin la première période fébrile était passée, la violence de la douleur et la folie du délire disparurent devant les soins empressés, et la malade prononça un jour, en rouvrant ses grands yeux noirs qui paraissaient un peu moins hagards, un nom qui la rappela tout à fait à la raison.

— Athanase... balbutia Nathalie.

— Nathalie, répondit bien doucement M. de Mirmont en lui pressant légèrement la main qu'il tenait dans la sienne, c'est moi, je suis là.

— Où suis-je ? mon Dieu, quel rêve !...

— Ici, près de moi, lui dit-il en se courbant sur elle pour dérober à ses regards les barreaux de la prison.

— Je me souviens, reprit-elle, et un torrent de larmes inonda son lit.

Elle était sauvée. La santé revint peu à peu, grâce aux soins empressés de l'homme qui la visitait le plus souvent possible, grâce aussi au dévouement angélique d'une jeune sœur hospitalière, qui l'avait veillée nuit et jour ; et les débats ajournés, furent enfin irrévoquablement fixés au premier juin 18... devant la cour d'assises de ...

— Athanase, lui dit la jeune femme, quand

elle fut rétablie, je n'attendais pas de vous un semblable dévouement. Hélas! quand même vous me sauveriez par vos efforts du glaive suspendu sur ma tête, vous, mon ami, vous n'en seriez pas moins perdu aux yeux de ceux qui n'ont point compris tout ce que votre conduite a de sublime. Je vous remercie du plus profond de mon affection, d'unir ainsi votre destinée à celle d'une malheureuse prisonnière.

— Nathalie, lui répliqua l'aide-de-camp, au moment où l'on s'apprêtait pour la conduire à la cour-d'assises, quand vous m'avez donné votre vie, je vous ai promis l'union de la mienne jusqu'à la mort, j'accomplis mon serment en homme de cœur, et, malgré le monde, qui m'appelle peut-être votre complice, je deviendrai, quoiqu'il arrive, votre époux, si vous le voulez, au pied...

— De l'échafaud? murmura sourdement la maîtresse de forges que le geolier et les gendarmes de service venaient extraire de sa prison.

— Oui de l'échafaud, s'ils le veulent, car ils ne pourront désunir nos âmes dans l'éternité.

L'accusée venait de faire son entrée devant ses juges, la salle était pleine, une heure à l'avance elle avait été envahie par le grand monde, dont on remarquait les toilettes brillantes; et la presse avait aussi là ses rédacteurs et ses sténographes à des places réservées; barbare cu-

riosité, publicité stupide. Quant au peuple, ses
groupes nombreux garnissaient les abords du palais, et la foule était à peine contenue par les
troupes qui stationnaient en armes à toutes ses
issues. À cette première audience, l'auditoire
tout entier resta muet et immobile de surprise devant les réponses de cette femme, placée sur la
sellette, où s'étaient assis tant de scélérats, et
quand elle sortit après avoir entendu les témoignages infamants qui pouvaient la perdre, un
long murmure de pitié accompagna cette infortunée noble et calme dans sa résignation sous les
longs habits de deuil ; puis, la foule, par un de
ces mouvements sympathiques, dont elle n'avait
pu se défendre en entendant sa protestation d'innocence, murmurait en s'écoulant lentement sous
les vieilles arcades du palais de justice, contre la
justice des hommes qui frappait une martyre.

Cependant, malgré ces sympathies, la révélation des témoins était grave, le poison recueilli
dans la table de toilette du boudoir de Mme Bloquel avait été présenté comme pièce de conviction; il était identique avec celui reconnu dans le
corps du maître de forges. Elle niait l'avoir jamais
possédé, et malgré toutes les recherches il avait
été impossible de savoir où et comment elle
avait pu se le procurer. Là commençait déjà le
doute. D'où venait-il? Quelle main étrangère ou

intéressée avait pu le placer en cet endroit , et
d'ailleurs, dans une autre hypothèse, la science
de l'inflexible docteur suivant toujours sa thèse,
analysait la maladie saturnine qu'il avait traitée,
et le chimiste habile qui le secondait venait con-
firmer son dire.

Vingt fois encore la comparution de la veuve
fut nécessaire pour l'éclaircissement de ces longues séances, pendant lesquelles tout le monde
attendait que la science eut fini pour se prononcer,
la grande presse discutait, les docteurs de toutes
les écoles jetaient au vent de la publicité leur avis
pour et contre; tous se trompaient cependant.

Encore une fois l'âme de Nathalie, soutenue
par les consolations de la religion qui ne la quittait point, céda sous les douleurs physiques qui se
réveillèrent terribles et plus poignantes dans une
rechute; et le monde, celui qui discute, car celui-
là seul est presque toujours cruel, osa prendre la
maladie qui la dévorait pour un vain subterfuge
inventé à dessein, pour prolonger indéfiniment le
moment qui devait décider de son sort; la curiosité voulait sa pâture, l'opinion demandait son
triomphe. Plusieurs fois, son état d'épuisement
la força de faire reculer le moment que son courage lui fixait pour paraître devant le tribunal,
quand ses forces l'empêchaient de le faire, et les
médecins qui voulaient la sauver du péril furent

obligés de statuer sur l'honneur que l'état dans lequel elle se trouvait était réellement désespéré; en effet ce drame était bien long pour ceux que leurs plaisirs appelaient ailleurs, et pour d'autres peut-être dont l'ambition avait soif du dénouement.

Enfin l'heure sonna; instant fatal, pendant lequel le docteur Piquenot vaincu dans la lutte où il s'était engagé avec son collègue, entendit les médecins assemblés devant la justice formule en termes scientifiques une réponse que l'on peut ainsi traduire :

» *Les traces analysées sur ce cadavre vien-*
» *nent d'un poison préparé à dessein pour don-*
» *ner une mort, qui en a été le résultat.* »

Mme Bloquel venait d'entendre, cette sentence pouvait être sa condamnation, et cependant, pâle, décharnée, possédant à peine le souffle nécessaire à l'existence, elle se leva pour répondre une dernière fois aux hommes qui avaient hâte de terminer un débat dont le jury venait de recevoir la conclusion.

C'était un auditoire solennel que celui qui était réuni autour de cette femme, qu'aucuns vœux ne pouvaient sauver désormais. Walpole, dans son âme bouleversée par le remords, voyait aussi arriver avec anxiété le moment terrible où le sacrifice allait être accompli, son amour avait grandi

10

d'autant qu'il se sentait plus lâche et plus infâme, car il était devant elle, et il savait qu'un seul mot de soupçon pouvait le placer sur la même sellette, car les experts avaient déclaré que les matières saisies dans la chambre de la maîtresse de forges n'étaient en rien semblables aux substances qui avaient servi à consommer le crime. Mais elle n'accusa, ne soupçonna personne, pas plus en face de la mort que devant ses parents, elle ne dit point en fixant le régisseur d'un regard de mépris : cet homme m'a prédit la mort du mari, la consommation du forfait dont on m'accuse, car tout ce qui l'environnait eut sans doute ajouté : c'est lui qui est le coupable, et sa grande âme incapable de faire le mal eut craint d'accuser un innocent.

L'accusateur du gouvernement, chargé de la vindicte publique finissait son réquisitoire que la France attendait, et que sans doute il désavouait, peut-être pour la première fois, car dans ses brillantes périodes oratoires, sa voix, quelques instants, fut tremblante et mal assurée, il prononça quelques mots de pitié ; mais sa mission, la loi, pour mieux dire, lui imposait un devoir, et sa conclusion fut un mot terrible qui ne fit cependant point frémir cette femme, car elle avait besoin de quitter la vie.

Un silence profond régnait alors dans le prétoire, interrompu cependant par des sanglots ;

les préliminaires du supplice appelaient les larmes, et de temps en temps, on sortait à l'air
une grande dame évanouie au débat, quand on
en voit rire en regardant fonctionner la guillo-
tine, cet instrument fatal. Au milieu de cette
foule émue, un homme, seul, placé le plus près
possible de la sellette, suivait avec anxiété l'ar-
gumentation et les chefs-d'œuvre d'éloquence
qui sortaient de la bouche de ceux qu'il avait
choisis, mais malgré toutes ces thèses hardies,
malgré toutes ces sympathies habilement évo-
quées, toutes ces passions surexcitées jusqu'aux
larmes, la parole du doyen des avocats de cette
cour se tut sous cette formule : Les débats sont
clos.

Et la délibération du tribunal sur toutes les
réponses affirmatives du chef du jury, au nom
de ses collègues, fit cette application de la loi :

Nathalie Veultant, femme Bloquel, est condamnée à la peine de mort, comme coupable d'empoisonnement sur la personne de son mari.

La justice humaine avait failli, la voix de la
multitude murmura encore cette fois : *innocente*...
et deux hommes, qui seuls étaient restés immobi-
les, longtemps après que la foule eut quitté le
sanctuaire de la justice, murmurèrent : perdue...
L'un de ces hommes, Walpole, l'empoisonneur,
rentrait aux forges de Presles avec la pensée du

suicide, mais il était trop lâche pour accomplir
son projet; l'autre, Athanase de Mirmont, allait
demander à son épouse devant Dieu si elle voulait
mourir avec lui.

Ce fut une scène pénible et douloureuse que
le moment où l'aide-de-camp vint demander à
la malheureuse condamnée de se défaire ensemble
d'une existence dont elle conservait à peine un
dernier souffle, quand la sienne à lui l'homme
de guerre, qui avait tant de fois bravé froide-
ment la mort, devait encore avoir d'aussi longs
jours.

Le doute n'entra point dans son âme, elle
avait foi, la pauvre femme, dans la parole de cet
homme, et en fixant l'arme double, cachée dans
son sein, car les guichetiers avaient été gagnés à
prix d'or, elle pencha désespérément la tête sur sa
poitrine.

— Vous me croyez donc coupable, lui dit-elle
après un instant de silence solennel, pendant lequel elle semblait réfléchir à la proposition de
mort qu'il venait de lui faire.

— Coupable, Nathalie!! oh! vous ne me connaissez donc point encore, pour supposer que ma
pensée vous soit aussi injurieuse, mais le monde,
la justice, les hommes et notre vie, mieux vaut
la mort... et pâle comme un spectre, il se couvrit
le visage de ses deux mains, il pensait que les gé-

monies attendaient leur mémoire, et il plaça le doigt sur la détente du pistolet....

— Athanase, j'ai foi en vous, comme vous avez confiance en moi, ce n'est pas ainsi que je dois mourir, la justice de Dieu ne le veut point. Vous vous êtes lié à ma vie dans l'intimité de ma douleur que vous avez partagée de toute la force de votre âme; pour vous, pour moi, je dois confesser mon innocence par ma mort, fit-elle, en se grandissant d'un effort de voix qui ne paraissait point possible à sa faiblesse.

— Mais vous êtes innocente.

— Dieu le sait et vous aussi! Promettez-moi de vivre pour dire à ma famille que j'ai quitté la vie sans amertume et sans réclamer le pardon des hommes, dont je puis me passer; Jurez-le-moi sur cette croix qui ne m'a jamais quittée.

Puis, tirant de son sein une croix militaire, elle la présenta à l'aide-de-camp.

Cette relique était une décoration d'or, remise de la main de l'Empereur sur le champ de bataille au général Veultant, qui la portait toujours, et dans le médaillon était une mèche de cheveux de Mlle de Bussy, morte en donnant le jour à Nathalie.

— Je vous le jure, dit-il en étendant la main; et saisissant la poignée de l'arme, il la jeta à travers les barreaux dans les fossés de la prison, mais à votre tour, promettez-moi aussi de profiter du rappel que vous accorde la loi, à cette condition seule je puis vivre.

— Faites, reprit-elle en tombant sans forces sur son siége, je ne puis disposer de ma vie, parce que je deviendrais coupable en l'abandonnant ainsi ; mais les quelques jours qui la prolongeront, je vous les donne, ils sont à vous et à Dieu.

— A moi et à Dieu, répétait-il dans sa pensée, en allant invoquer le rappel dans lequel il plaçait son dernier espoir.

Le monde avait vaincu, la science, dans son infaillibilité, avait jugé le différend, et dans sa suprême sagesse, la justice acceptant le défi venait de répondre par une condamnation à mort, alors la société devait être satisfaite et les craintes des familles bannies pour de longs jours, car la victime était prête à tomber sous le coup de la loi.

Sa famille, à elle, plongée dans la plus profonde affliction, venait d'envoyer le colonel de Bussy au secours de M. de Mirmont, pour tenter les moyens de salut. Elle connaissait toutes les affreuses péripéties par lesquelles la malheureuse veuve avait dû passer, et elle cherchait à adoucir les dernières formalités du jugement qui la condamnait, si elle échouait dans son rappel.

Alors, l'échafaud fut changé pour le bagne, ou, ce qui est la même chose, pour une détention à perpétuité, stygmate infamant auquel la mort est cent fois préférable, et tout fut fini.

Quinze jours encore on parla d'elle, la calomnie hurla à son aise sur sa victoire, puis tout rentra dans le silence, quand les portes épaisses du cachot se furent refermées sur elle pour toute sa vie.

Deux hommes seuls franchirent le plus souvent possible le seuil qu'elle ne devait plus passer que portée par des bras étrangers, qui la conduiraient à sa dernière demeure, sa résignation avait suffi pour adoucir l'amertume de leurs chagrins, dans lesquels il y avait de la violence; ils avaient besoin, eux qui pouvaient jouir à l'aise de l'air, de la liberté et d'un rayon bienfaisant de soleil, de venir retremper leur courage abattu au calme de cette âme, qui ne vivait plus que pour Dieu.

Forte dans la pensée religieuse de son innocence, elle avait détaché son cœur de tous les bruits qui avaient pu l'attacher à la terre et elle reportait toutes ses aspirations vers le ciel.

La voix du peuple qui murmurait encore à son oreille était celle de l'être suprême qui l'absolvait, et tous ses jours s'écoulaient dans la prière qui l'avait relevée et guerie. Alors dans sa perpétuelle méditation, au lieu de la haine ou du mépris, elle pardonnait à tous ceux qui l'avaient jeté dans cette voie de douleur et d'ignominie.

XI.

La soirée était froide ; deux hommes enveloppés dans leurs cabans, vêtement encore inconnu en France, marchaient rapidement dans un chemin de traverse coupant les hautes montagnes boisées qui couvrent au nord la petite ville de Saint-Amand.

Le vent soufflait avec violence, et la neige fondue qui tombait par raffales leur fouettait âprement le visage ; forcés de s'arrêter de temps en temps pour respirer à l'aise, ils tournaient le dos à la bise aigüe qui soufflait dans les gorges, et reprenaient plus activement leur marche après chaque pose, car les nuages épais qui couraient sur leurs têtes amenaient rapidement une nuit de décembre, noire et pluvieuse.

Mus par la même pensée, ils venaient, guidés par l'unique espoir qui leur restait, demander au merveilleux, à la cabalistique, une trace si légère qu'elle fût pour les aider dans la mission désespérée qu'ils poursuivaient de toutes leurs forces. Ces deux hommes connaissaient toutes les horreurs de la prison perpétuelle, cette mort anticipée à la vie sociale et aux affections de la famille, malgré leur crédit, malgré leur situation dans le monde, ils avaient en vain essayé de tous les moyens en leur pouvoir pour sauver une femme qu'ils croyaient fermement innocente, et que la justice et la science avaient déclarée une empoisonneuse. Désormais amis à la vie à la mort, ils avaient dû triompher, dans les commencements du procès, de la situation difficile qui leur était faite dans le monde, et M. de Mirmont, après une provocation, s'était ainsi placé devant le comte de Bussy :

« Je veux bien, lui avait-il dit, passer pour
» un lâche devant vous, quoique j'aie fait mes
» preuves, et l'unique réparation que je vous
» offre, c'est de sauver cette malheureuse femme,
» si je le puis, ou de mourir si elle meurt. Voilà
» la seule expiation que je dois subir et que je
» me suis imposée. »

Mais tout était fini, le recours en grâce était rejeté.

Le comte et son ami pressaient de plus en plus le pas car la nuit approchait, et les chemins de traverse qui se bifurquaient à chaque minute pouvaient les égarer, quand ils s'arrêtèrent à une petite grille de fer, placée dans un mur très-élevé, qui paraissait faire corps avec le rocher auquel il était adossé.

— Ce doit être ici, lui dit Athanase.

— Je le pense, répondit le comte, et il agita la sonnette.

Les aboiements de deux dogues répondirent à l'unisson, et le docteur Piquenot vint ouvrir lui-même.

— Je ne vous attendais plus, leur dit-il en examinant l'état où le temps les avait mis, mais je vois que comme mes autres visiteurs du monde esprit fort, vous êtes venus par les chemins de la montagne. Votre retard ne m'étonne plus.

Et il les introduisit, après avoir traversé un jardin botanique extrêmement précieux, dans une habitation dont la construction bizare était inexplicable pour les deux visiteurs.

En effet, chacun des appartements était affecté à des expériences particulières résultant de la médicamentation du savant praticien ; ici se trouvait un véritable musée de phrénologie suivant le système de Gal, plus loin, on admirait avec stupéfaction un cabinet de chimie, où fonctionnaient des

appareils voltaïques de son invention ; il avait
trouvé l'application de l'électricité dans la guérison de certaines maladies, à côté, on traversait
une autre pièce, dont les murs étaient garnis de
coussins du plafond au plancher, et où l'on voyait
des espèces de lits disposés autour d'un appareil de
Mesmer ; cette chambre était celle où il traitait les
épileptiques par le fluide magnétique. Ce fut là
qu'il arrêta les deux visiteurs, et frappant sur
un timbre, il demanda de la lumière, car la nuit
était venue ; le même timbre répondit seul par
deux coups, et pour la première fois, les deux
officiers virent l'emploi de la lumière électrique.

Il serait impossible de rendre compte des sen-
sations qui agitaient ces deux hommes, car eux
aussi occupaient une place honorable dans
l'échelle des connaissances humaines, et cependant, ils devaient courber la tête devant ce travail et cette science profonde, dont ils admiraient
le sanctuaire. Pour eux déjà cet homme n'était
peut-être point un visionnaire, et si les expériences
publiques qu'ils avaient déjà vues n'étaient point
de la jonglerie, dont ils le croyaient incapable, ils
allaient savoir le nom du coupable qu'ils recher-
chaient et la trame du ténébreux forfait que la
justice humaine avait cru saisir.

Le docteur calme et silencieux depuis quelques
instants, paraissait se recueillir dans une profonde

méditation, et cependant ses yeux limpides plongeaient dans le regard d'Athanase, qui malgré lui subissait et recherchait cette fascination.

— Êtes-vous toujours disposés, leur dit-il?

— Quand vous le voudrez, Monsieur, cette expérience, vous le savez, est la dernière lueur d'espoir qui nous reste, lui dit le comte de Bussy en se levant.

— Ecoutez, répliqua le docteur, en le priant de se rasseoir, vous douterez certainement du phénomène qui va se produire, et je ne puis vous affirmer moi-même que le sujet que je traite pourra ou voudra satisfaire votre curiosité, car je n'emploie le traitement par la double vue que dans les cas graves où la science est obligée de s'avouer vaincue. Vous avez, je le suppose, confiance en moi, mais comme je puis vous donner une preuve plus péremptoire du pouvoir du fluide dont on nie même l'existence je vais vous prier de me permettre une épreuve.

Et découvrant l'appareil magnétique, le docteur plaça dans les mains de M. de Mirmont deux des conducteurs attachés à la tige de métal de l'appareil. Les yeux d'Athanase se remplirent d'humidité et se fermèrent; à sa respiration on pouvait supposer le sommeil,

— Il dort, dit M. de Bussy.

— C'est le sommeil ordinaire, lui répondit le

docteur, et il continua la transmutation du fluide, peu à peu la respiration devint moins active, puis enfin imperceptible ; on pouvait distinguer quelques légers spasmes nerveux ; il y eut alors deux ou trois soupirs, et le sujet, pour nous servir de l'expression du magnétiseur, se plaça la tête sur le dossier du fauteuil, comme s'il s'arrangeait pour dormir.

— Dormez-vous du sommeil magnétique? lui dit le docteur, après lui avoir pris la main, en faisant signe à M. de Bussy de garder le silence.

— Oui.

— Y voyez-vous clair?

— Non, je ne jouirai jamais de cette faculté, mais...

— Répondez-moi seulement, où êtes-vous?

— Où je suis? Vous savez que nous sommes en-ensemble dans sa prison.

— C'est vrai, lui dit le docteur, eh bien ! qu'entendez-vous?

— Sa prière qu'elle fait tout haut. Elle est innocente, si elle ne l'était pas, le dirait-elle à Dieu?

Le comte écoutait avec anxiété...

— Eh bien, continua le docteur !

— Sa prière s'est finie par mon nom, la sœur Ste-Marthe vient faire une lecture avec elle pendant une heure, c'est la permission qu'on lui a donnée, elle restera jusqu'à huit heures moins dix minutes.

— Quelle heure est-il donc?

— Sept heures moins dix minutes.

Le comte jeta les yeux sur la pendule du salon, c'était bien l'heure qu'annonçait son ami, alors son cœur battait à rompre sa poitrine, la fièvre fouettait les artères de ses tempes, il attendait la fatale révélation qu'il voyait alors possible.

Le docteur éveilla son sujet, Athanase se leva debout, les yeux hagards et secoua peu à peu sa torpeur, il se souvenait de son sommeil, sans se rappeler autre chose.

— Eh bien ! dit-il à son ami.

— Nous sommes sur les traces ; par pitié, Monsieur, hâtons-nous.

Et le comte hors de lui, saisit avec empressement les deux mains du magnétiseur.

Le docteur alors les introduisit dans une troisième pièce non moins bizarre, et qui faisait suite à l'appareil Mesmérique ; c'était un salon tendu de damas blanc, et dont les ornements et les tapis étaient de même couleur ; un calorifère invisible et habilement disposé entretenait une chaleur réglée à dessein au même degré, et le jour s'y trouvait ménagé par des vitreaux peints et des rideaux épais qui arrêtaient les rayons du soleil ; mais au moment où les deux visiteurs y furent introduits, des lampes voilées donnaient une lumière pareille à celle du jour, et malgré la tempète qui grondait au dehors, aucun bruit n'arrivait dans cet appartement.

— Veuillez vous asseoir, car Mme D... va venir, elle sait que nous sommes en rapport de volonté.

En effet, presqu'aussitôt une forme blanche, et qui paraissait ne presque plus tenir à la vie, souleva la tenture, et vint se placer près du docteur ; ce dernier la toucha à peine, et prenant la main d'Athanase il la plaça dans celle de la somnambule, en lui disant de l'interroger lui-même.

Sans rapporter ce colloque, cette femme lui décrivit minutieusement tous les détails du crime, la fuite à Montpellier ; elle leur dit ce que faisait la comdamnée dans sa prison avec la sœur Ste-Marthe, ce que disait à Paris Mme de Bussy qui écrivait alors à son mari ; mais elle refusa de faire connaître le coupable.

Le docteur saisit sa main à son tour, et lui dit brusquement :

— Je le veux, obéissez.

— Il y a une volonté supérieure à la vôtre qui me défend d'obéir, n'insistez pas ; seulement, je sais que ces Messieurs seront demain à Presles, et que dans huit jours le coupable sera mort et Mme Bloquel en liberté. Eveillez-moi, lui dit-elle en tremblant de tous ses membres, éveillez-moi vite, car je vois le sang qui coule et la justice de

Dieu qui s'appesantit sur ceux qui ont préparé le martyr de cette femme.

D'un signe le docteur l'éveilla.

Cependant le régisseur devait rendre compte de sa gestion, et le lendemain, en effet, M. de Bussy et Athanase devaient se rendre à Presles pour réclamer, au nom du tribunal, qui le déchargeait de sa garde, l'état positif des affaires de la veuve du maître de forges.

Walpole, en proie à l'agitation terrible qui l'accablait, avait aussi succombé sous les atteintes réitérées des ombres qui le poursuivaient sans trève ni merci; dans le jour, il recherchait la solitude, craignant par un mot de mettre sur la trace de son crime, et la nuit son bienfaiteur était toujours à son chevet, où il cherchait vainement le sommeil. Quelquefois, cependant, succombant à la fatigue, la double image de Nathalie venait s'unir aux manes de son mari pour l'entraîner à l'échafaud. La présence incessante de ses deux victimes, qui dans son imagination terrifiée le suivaient partout, détermina une maladie épouvantable que le remords et la solitude aggravèrent, et quand les deux hommes arrivèrent aux forges, ils trouvèrent le docteur Piquenot, qui les avait devancés pour prodiguer ses soins au troisième malade, que l'on croyait perdu dans les mains du sombre médecin. C'était une affection de l'âme; sa

science alors n'était pas en défaut, et la guérison
était impossible.

Le râle de l'agonie allait s'emparer du malade,
qui avait déjà réclamé l'assistance d'un prêtre,
quand le vieux médecin entraîna les représentants
de Nathalie dans l'embrasure de la même fenêtre où il avait prédit à Bloquel la guérison de sa
femme, le moribond, cependant ne lui avait fait
aucune confidence, il ne tirait aucune induction
des révélations que la somnambule leur avait
faites, mais ses yeux avaient saisi la pensée criminelle de son malade, et sa vieille expérience avait
su fouiller dans ce cœur, mélange affreux de crime
et de corruption.

Le prêtre venait administrer les derniers secours de la religion au régisseur, quand le docteur en se recueillant, murmura bien bas à M. de
Bussy, que son regard fixait attentivement, pour
saisir sans doute l'effet qu'allait produire ses paroles.

— Colonel, voilà l'assassin, fit-il en désignant
du doigt Walpole.

— Lui ! reprit sourdement Athanase, en se pré-
cipitant vers le lit, l'infâme...

— Silence, continua le docteur en l'arrêtant par
le bras, respect à l'homme qui lui aide à quitter
la vie, la justice de Dieu s'accomplira.

— Et le prêtre prononça :

11

— « Que la paix du Seigneur soit avec vous, mon frère, et avec » ceux qui nous environnent, »

La mission du ministre de la religion était accomplie, il avait reçu la révélation du crime sous le sceau de la confession, et il avait absout le coupable au nom du Dieu qui pardonne en recevant sur le Christ la promesse qu'il sauverait la victime condamnée pour lui ; et sans prononcer une parole, il s'élança à l'étage inférieur de la forge, pendant que les trois témoins de cette scène lugubre, la tête penchée sur la poitrine, dans l'attitude du plus sombre désespoir, attendaient son retour.

La nuit était venue, et dans cet appartement sombre, à la lueur d'une petite lampe qui paraissait aussi de temps en temps vouloir s'éteindre, on voyait sur son lit le moribond, sans voix, pâle et décharné, semblable à un spectre ; le prêtre rentra avec précipitation ; il avait avec lui le notaire chargé des affaires de la forge et la vicomtesse Roger de Valnoir.

Alors, asseyant le malade sur son lit, il se tourna vers les témoins de cette lugubre scène, et les fit placer à genoux ; puis élevant la main droite sur le coupable :

— Au nom de celui qui pardonne, dit-il, j'attends pour vous donner l'absolution.

Toutes les têtes étaient alors courbées vers la terre.

» Mme Bloquel est innocente, dit le coupable,
» d'une voix défaillante, c'est moi qui suis l'as-
» sassin de son mari, et qui ai placé le poison
» qui l'a fait condamner, il a été acheté chez
» M. B..., dont j'ai payé le silence. Ecrivez, fit-
» il au notaire, il y a ici, il désignait un secré-
» taire, huit mille francs à moi que vous distri-
» buerez aux pauvres; derrière ce panneau,
» quatre-vingts mille francs qui faisaient croire
» à la faillite qui devait me livrer ma seconde
» victime... »

Sa voix s'affaiblissait, cependant réunissant toutes ses forces, il ajouta avec un dernier effort :

« Demandez-lui pardon....., je réclame le
» vôtre... et celui de.... »

— *Au nom de Dieu, je vous pardonne*, lui
dit le prêtre, *partez, âme chrétienne.*

Et comme si cette âme eût obéi à cet ordre dernier qu'elle recevait sur la terre, le cadavre se rai-
dit, les mains s'allongèrent avec un craquement
lugubre, la tête se renversa entraînant lourdement le corps; il avait cessé de vivre.

La justice de Dieu venait de condamner la justice humaine, la prédiction de la somnambule était
réalisée ; et la noblesse de Nathalie dans cette terrible épreuve arracha des larmes à tous ceux qui
entouraient le cadavre de l'empoisonneur.

Huit jours après la visite des deux officiers, chez

le magnétiseur, Mme Bloquel sortait de prison pour consacrer sa vie au service des malades, sous l'habit d'une sœur hospitalière, elle avait refusé de reparaître même une heure dans le monde qui l'avait abreuvée de ses calomnies, et dont les joies pour elle étaient désormais une vanité. En passant à l'hôtel de Bussy, pour faire ses derniers adieux à sa famille, elle embrassa pour la dernière fois Athanase de Mirmont, qui n'essaya point de la retenir, puis lui montrant le ciel de la main, elle sortit seule et sans tourner la tête de cette maison où sa belle jeunesse s'était passée, pour se diriger vers son couvent, celui des *Sœurs de la Miséricorde*.

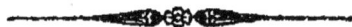

ÉPILOGUE.

Le 17 mai 1840, la division avait l'ordre de se mettre en marche pour de nouvelles opérations dans la Milidja, les troupes étaient pourvues de vivres, d'habits et de munitions et reposées de leurs fatigues; les brèches faites à tous les régiments dans la fatale journée du 2 étaient bouchées par des recrues venues de France et les hommes blessés ou indisponibles étaient dirigés sur les hôpitaux de Donérah, de Birkadem et d'Alger; la

maladie et les privations, plus encore que la mi-
traille avaient décimé nos rangs. Deux heures avant
le jour, les tambours et les clairons de la légion
étrangère sonnaient la *Diane*; dans tous les corps,
pour toutes les armes, tambours, clairons, trom-
pettes répondirent à cet appel. Soudain,et comme
par enchantement, 12,000 hommes étaient debout; le camp d'Erlon, le camp retranché, la vaste
enceinte de Bouffarick, aujourd'hui si riante, et
que l'on nommait autrefois la pestiférée, étaient
encombrées de troupes en mouvement se disposant au départ.

Ce n'est point en garnison, pendant le service
monotone de la caserne, c'est là, au bivouac, qu'il
faut voir le soldat, ce mélange incompréhensible
de grandeur et de servitude, d'abnégation et de
courage, car là, dans ce pays, après la victoire,
après la conquête, il a édifié des villes, construit
des routes, bâti des aqueducs et des fortifications,
établi des jardins, puis il s'est fait laboureur, le
fusil sur l'épaule pour défendre sa charrue. Gre-
nier du peuple roi, terre désormais française, on
nous dira peut-être un jour combien tu as coûté
de sang et de sueur aux fils des vieilles armées.

Derrière ce carré de faisceaux, dont on dis-
tingue les bayonnettes comme une bande lumi-
neuse, sont couchés, vêtus de l'habit de guerre,
la tête appuyée sur le hâvre-sac, les hommes de

l'infanterie ; sur la face gauche, les escadrons sont placés sur deux rangs ouverts, derrière leurs chevaux, l'entrave au pied, attachés à la corde par pelotons, dociles et disciplinés comme les cavaliers qui les montent, et comme eux couchés sur la terre, par la pluie, la boue, la neige, pour toute la durée de l'expédition ; à droite, le parc d'artillerie, avec ses caissons, ses obusiers et sa réserve pour les troupes, en arrière des autres faces, le génie avec ses outils, le train des équipages avec ses mulets de transport, le convoi de vivres, les troupes d'administration, les employés de subsistance, les troupeaux destinés aux besoins de l'armée, les chirurgiens avec leurs vastes tentes rondes, près d'eux, l'ambulance avec ses cacolets vides au départ, mais quelquefois hélas insuffisants pour le retour ; enfin au centre, l'état-major général, d'où vient de partir le signal du réveil.

Le jour commence à poindre, et près des mille feux du bivouac les soldats prennent leur repas préparé dans la nuit ; chaque escouade est rassemblée comme une petite famille, c'est encore fête pour eux, car il y a du pain pour deux jours et une double ration de vin, mais les jours qui suivront, il n'y aura plus que du biscuit, peut-être déjà rongé par les vers, et sous ce soleil ardent on manquera souvent d'eau.

On aperçoit aussi dans le lointain les grand's-gardes reliées entre elles par leurs petits postes et les sentinelles isolées, embusquées pendant l'obscurité. Tout cet attirail, tout ce matériel, tous ces êtres vivants que nous venons de voir, du général au soldat, dormiront ainsi pendant toute la campagne, sous la protection d'une partie de leurs camarades qui veilleront pour eux, la face tournée vers l'ennemi, et qui mourront plutôt que d'abandonner leur poste.

A mesure que le jour arrive on peut admirer la régularité parfaite de cet ordre de bataille dans le repos, ordre que les Arabes ne connaissent point encore et n'attaquent qu'avec crainte ; ils fuient de leurs bivouacs; nos troupes, à nous, meurent en défendant les leurs, à genoux, à vingt pas des lignes. En avant des zouaves, que l'on reconnaît à leur vêtement turc, de couleur tranchante et à leurs turbans verts, on voit près de la sentinelle qui veille à côté des broussailles, un chien qui suit tous ses mouvements; adopté par cette troupe, au milieu de laquelle il reçoit la ration de soldat pour les services qu'il a rendus, et il se tient chaque nuit à l'avant-poste; blessé en défendant son maître assassiné en faction, le chien de France avait suivi sur la terre étrangère le paysan conscrit, et depuis il s'est attaché au drapeau sous lequel son maître est mort, et où il a été blessé, en accomplissant le même devoir; les zouaves l'ont adopté, il se nomme *Bataillon.*

L'activité redouble pendant le *boutte-selle* et le boutte-charge, tous les corps sont sous les armes, l'appel se fait; fourgons, caissons, hommes, chevaux sont chargés du matériel nécessaire à la vie des camps, tous au départ plient sous le fardeau, car il faut exister deux mois, au milieu de l'immensité, sans razzia peut-être, et sans l'espoir certain de rencontrer comme dans l'Europe des villes ou des villages.

La marche sonne, les éclaireurs indigènes sont partis, les spahis montés sur leurs chevaux arabes, avec leurs beurnouss couleur de sang, les suivent; puis, vient l'avant-garde avec ses pièces de montagne, et la colonne du centre; l'aile droite, l'aile gauche, et l'arrière-garde s'ébranlent à leur tour, ces derniers bataillons sont défendus par une formidable artillerie. Ce sont eux, en effet, qui auront à subir toutes les attaques de l'ennemi; nous serons le soir au grand camp de Blidah, et le lendemain, face à face avec les troupes de l'émir qui nous attend au *bou roumi*, et dont les réserves sont cachées dans les gorges de *Chiffa*. Tous partent joyeux, les troupes chantent, il y a la victoire au bout du combat, nul ne songe à la mort, et cependant, bien loin derrière la mer que nous apercevons encore dans les gorges, au pied du tombeau de la Chrétienne, il y a de pauvres femmes qui pleurent sans doute sur ces

hommes qu'elles ont élevés avec tant de peine et
de fatigues jusqu'à vingt ans, qu'elles ont vus
forts et beaux, pour les perdre en une seconde,
loin du foyer, où du moins, elles pourraient pleu-
rer sur leur tombe.

Honneur, dans cette fatalité de la guerre, au
jeune soldat, au patriote volontaire qui meurt
pour la France.

La funèbre histoire de Nathalie, écrite à la hâte,
était terminée la veille, après avoir été souvent
interrompue par les attaques journalières des
Hadjoutes, des Ouled-Ferrah, des Kabyles du Col,
des Monzaïas ou des Nègres du Tombeau-de-la-
Reine; comme beaucoup d'autres pages plus sé-
rieuses, elle a vu le jour pendant que nous dé-
chirions des cartouches pour le service du pays
que nous ne taxons pas d'ingratitude, car il se
souviendra des services que l'on peut encore lui
rendre en se rappelant de ceux qui lui ont été
rendus, et du sang qui a été versé pour la gloire
de nos armes. Nous marchions à cheval, au pas de
la troupe, avec Jules de Mirval, nommé capitaine
depuis quelques jours, et déjà nous avions dépassé
Beni Méred, où reposent sous une colonne qui
redit seulement leurs noms, le sergent Blandan,
du 26° et ses trente braves, morts jusqu'au dernier sans vouloir se rendre. (1)

_____

(1) Les deux soldats qui ont survécu à cette horrible
boucherie sont amputés de deux membres.

Nous allions laisser Blidah et ses orangeries sur
la gauche, pour gagner le grand camp, quand le
général de Bussy vint nous prendre ainsi que nous
en étions convenus la veille, pour visiter la tombe
du chef d'état-major.

— Jules, dis-je à mon ami, en rejoignant la colonne au petit pas de nos chevaux, après avoir
rempli notre pieux pélerinage de souvenir, j'attends le dénouement de votre histoire. Et la voix
émue, il continua ainsi :

— Le commandant de Mirmont venait de se
faire réintégrer dans les cadres de l'armée, comme
chef d'état-major du général ****, en Algérie
quand mon frère , le capitaine de Mirval, vint le
prier d'assister comme témoin dans un duel qu'il
avait le lendemain avec le duc de L... : mon frère
tomba frappé à mort, le combat était déloyal, les
pistolets appartenaient au duc qui avait tiré le premier. Athanase voulut prendre sa place, et malgré les témoins gagnés pour cet horrible guet-à-
pens, le duc tomba à son tour sous l'épée venge-
resse du brave dont vous connaissez la fin glo-
rieuse, puisqu'il est mort au combat. La nouvelle
de cette double catastrophe vint atteindre madame
de Mirval loin de chez elle, dans un magasin où
elle faisait ses emplettes, son deshonneur était
public, et elle se fit justice à elle-même par le
suicide.

Le lendemain, à huit heures du matin, dans une charge à la bayonnette, Jules était blessé à mort, frappé d'un coup de tromblon, il avait trois balles dans la poitrine; il attendait l'instant suprême en souriant, quand je vins à lui. Alors me tendant sa croix qu'il avait reçue soldat, et qu'il détacha lui-même de sa capote, il me demanda quelque chose pour écrire, je ne pus rien lui donner, prenant une balle mâchée qu'il broyait entre ses dents, il écrivit avec son sang sur une feuille déchirée de mon calepin d'ordonnance:

Pour la sœur Marie, à.....

La famille de Mirval était éteinte, Jules venait de mourir suivant son souhait au champ d'honneur.

Il y a un an, en suivant des expériences médi-
cales, dans un hôpital de Paris ; car nous sommes
obligés, quand l'état n'a plus besoin de nos services, de chercher à utiliser nos minces connaissances, je vis madame Bloquel, en religion sœur
Marie, et je lui dis mon nom, elle m'introduisit
dans sa cellule, et me montra au-dessus de son
crucifix de bois noir les souvenirs qui récapitu-
laient sa vie toute entière.

C'était la croix de son père.

Celle d'Athanase de Mirmont.

Celle de Jules de Mirval.

Puis au-dessous, était écrit de sa main : « A re-
» mettre après ma mort, au général de Bussy, ou
» à ses héritiers. » C'était là tout le testament de la
piété, elle avait légué tout son bien aux hospices
pour suivre la maxime de l'Evangile :

*Bien heureux le pauvre ; le royaume du ciel
est à lui !*

FIN.

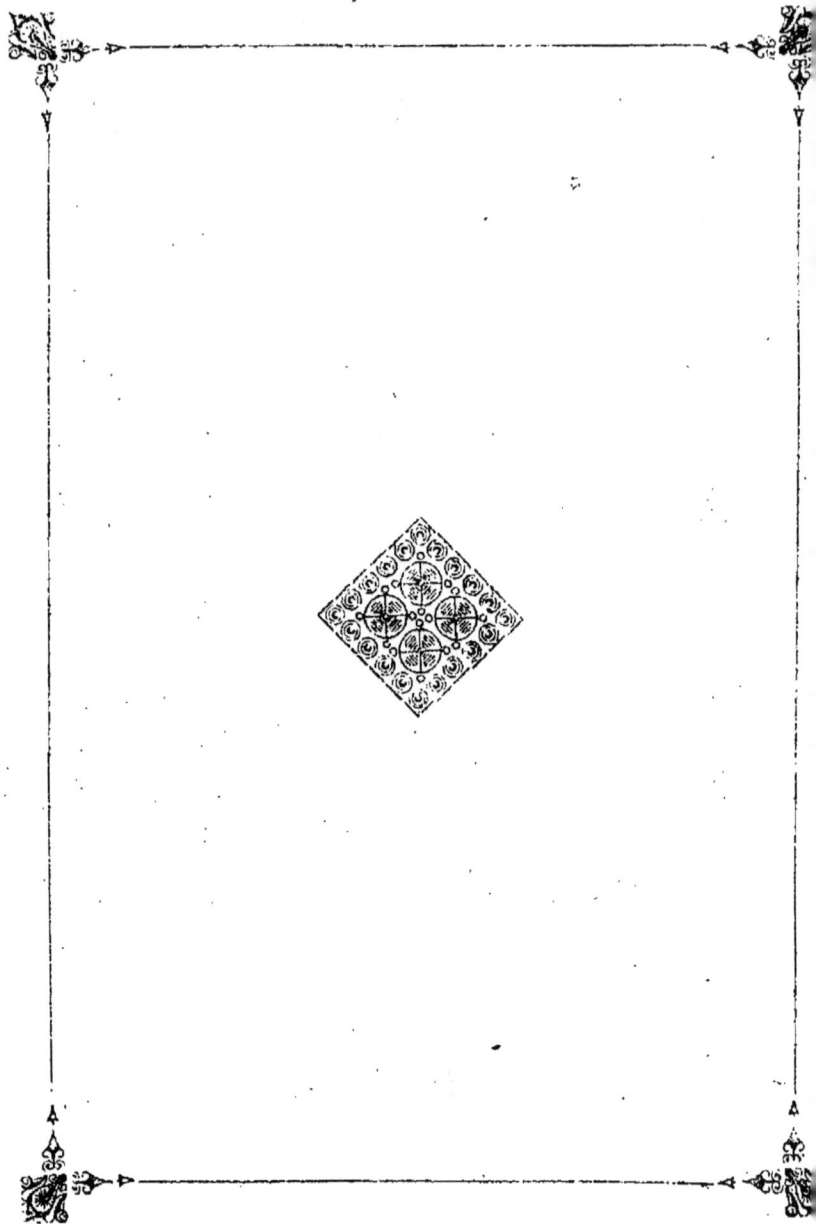

www.ingramcontent.com/pod-product-compliance
Lightning Source LLC
Chambersburg PA
CBHW072037080426
42733CB00010B/1922